à Patrice

COMPRENDRE LA PNL

La programmation neurolinguistique

Éditions d'Organisation
1, rue Thénard
75240 Paris Cedex 05
www.editions-organisation.com

DU MÊME AUTEUR
CHEZ LE MÊME ÉDITEUR

Comprendre la PNL
La programmation neurolinguistique
Maîtriser l'art de la PNL
Programmation neurolinguistique
PNL et communication
La dimension créative
Mieux vendre avec la PNL
Des stratégies pour convaincre
La PNL
Programmation neurolinguistique. Mémento EO
Développement personnel : le guide
Déchiffrez votre moi
Les clés d'accès de votre code existentiel

Cet ouvrage a fait l'objet d'un reconditionnement à l'occasion de son huitième tirage (nouvelle couverture). Le texte de l'ouvrage reste inchangé par rapport au tirage précédent.

ISBN : 2-7081-3472-8

Catherine CUDICIO

COMPRENDRE
LA PNL

La programmation neurolinguistique

Deuxième édition
Huitième tirage 2006

EYROLLES

Sommaire

Avant-propos

Vous allez au fil des pages découvrir la P.N.L. Sous ce sigle quelque peu rébarbatif, se groupent des techniques de connaissance de soi et de communication qui ont, depuis une vingtaine d'année largement prouvé leur efficacité.

En suivant pas à pas les différentes étapes de la démarche, vos capacités d'observation et d'adaptation vont progresser. La P.N.L. est d'abord une lecture différente de l'expérience individuelle et du comportement ; elle fournit ensuite de nombreux moyens d'intervention.

Qu'il s'agisse de communication, de management, de relation commerciale, d'enseignement, ou de développement personnel, la P.N.L. permet de trouver en soi les réponses les plus élégantes à la plupart des situations difficiles de la vie professionnelle et personnelle.

Ce qu'il faut savoir avant de commencer

I - Références et définitions

Le terme Programmation Neurolinguistique, en abrégé P.N.L., désigne un mode de compréhension des réalités psychologiques observables dans le comportement. Il s'agit d'une lecture de l'expérience individuelle.

La P.N.L. s'appuie sur trois sources de références :

– les travaux des chercheurs dits de l'École de Palo Alto, Bateson, Watzlawick, Edward T. Hall, pour ne citer que les plus connus ;

– l'approche thérapeutique comportementale illustrée par Fritz Perls, Virginia Satir, et surtout Milton Erickson ;

– les démarches de la psychologie cognitive dont elle représente une tentative de vulgarisation.

Deux chercheurs américains, Richard Bandler et John Grinder sont à l'origine de la P.N.L. Dès 1972, ils forment une équipe de recherche à l'Université de Santa Cruz, en Californie. Ils se donnent pour thème l'excellence dans la communication, et découvrent, grâce à une observation minutieuse, de nombreux éléments constants dans une relation efficace. Grinder et Bandler évaluent l'efficacité de la relation dans la mesure où, un objectif clairement défini, est atteint par les acteurs de celle-ci.

Le mimétisme comportemental, l'ancrage, diverses stratégies d'investigation sont ainsi mis en évidence en termes de structure et de déroulement.

Dans le jargon de la P.N.L., on met à jour des « modèles » qu'on va pouvoir appliquer à ses propres préoccupations, ou utiliser pour venir en aide aux autres, enseigner ou convaincre...

Quand on pratique la P.N.L. , on s'intéresse davantage au « comment » qu'au « pourquoi ». Par exemple, il est plus pragmatique d'identifier le

« comment » d'une compétence particulièrement efficace que de savoir « pourquoi » cette compétence existe.

La P.N.L. rassemble donc différentes techniques d'observation et d'action destinées à :
– améliorer la connaissance de soi ;
– s'accomplir ;
– gagner en authenticité et en efficacité dans la relation.

Programmation fait référence à la comparaison entre le fonctionnement de l'ordinateur et celui du cerveau humain qui crée et applique des « programmes » comportementaux. Le terme de programmation désigne les processus dynamiques mis en jeu dans l'expérience.

Neuro concerne le traitement par le système nerveux des données issues de la perception sensorielle. Cette prise en charge neurologique des perceptions sensorielles élabore un état interne propre à l'expérience en cours.

Linguistique concerne les comportements et le langage. Ceux-ci sont le reflet de l'état interne que vit la personne dans son expérience.

Notre premier contact avec l'expérience est sensoriel : nous voyons, entendons, sentons ce qui nous entoure dans cette situation. Ces perceptions sensorielles constituent autant d'informations prises en charge par notre système nerveux. Le traitement de ces données permet alors d'élaborer une réponse comportementale exprimée ensuite par le langage verbal et non verbal. John Grinder et Richard Bandler, insistent sur les possibilités cognitives de l'être humain, c'est-à-dire son aptitude à apprendre, ou encore en utilisant la métaphore informatique à « programmer » son cerveau pour telle ou telle tâche.

Lorsque nous étudions l'expérience d'une personne, c'est-à-dire quand nous essayons de comprendre ce qu'elle vit, nous nous intéressons de façon spécifique à cinq éléments :

1 - Son comportement extérieur qui nous fournit de très nombreuses informations observables sans qu'il soit besoin d'avoir recours au questionnement.

2 - Son état intérieur, c'est-à-dire ce que ressent la personne dans l'expérience. Nous y avons accès par des questions telles que : « qu'éprouvez-vous ? », « quel est votre sentiment à ce moment de votre expérience ? », etc.

3 - Ses processus internes, c'est-à-dire comment consciemment ou non la personne donne un sens à ses perceptions. Nous avons accès aux processus internes par des questions telles que : « Que se passe-t-il en vous à ce

moment de votre expérience ? », « Est-ce que vous dites quelque chose lorsque vous vivez cette expérience ? »

4 - Ses critères, c'est-à-dire ce qui lui paraît important et en fonction de quoi elle effectue tel ou tel choix. Nous avons accès aux critères de la personne par des questions telles que : « Qu'est-ce qui est important pour vous lorsque vous vivez cette expérience ? »

5 - Ses croyances, c'est-à-dire ce qui constitue le fil conducteur permettant de comprendre dans quel cadre de références s'organisent les comportements de la personne. L'accès aux croyances permet d'entrer en contact avec ce qui constitue le cœur de l'identité subjective de la personne. Nous avons accès aux croyances de la personne en nous posant la question suivante : Quel est le lien logique entre nos observations ?

Le schéma ci-dessous montre les différents champs d'observation et d'intervention de la P.N.L. Nous devons nous souvenir de l'affirmation de Richard Bandler : « la P.N.L., c'est 95 % d'observation et 5 % d'intervention ».

Schéma de l'expérience

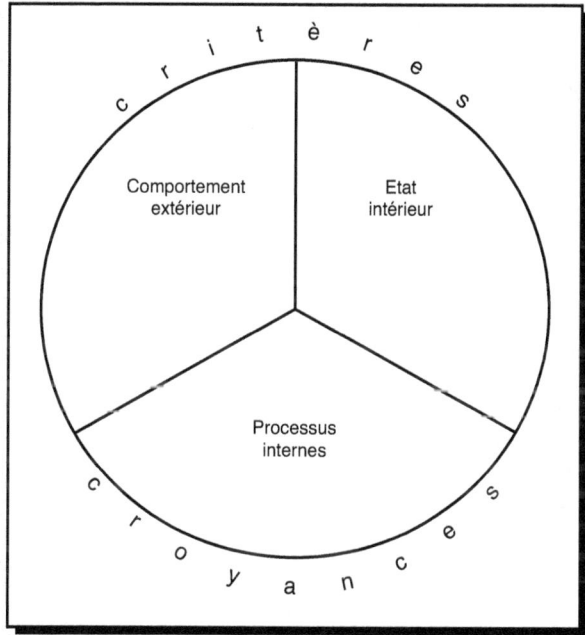

II. Les présupposés de la PNL

La P.N.L. organise sa démarche en fonction de quelques idées fortes à valeur de présupposé. Bien que la P.N.L. ne soit pas une doctrine philosophique, mais un ensemble de techniques destinées à faciliter l'existence et les relations humaines, nous devons garder présent à l'esprit qu'elle se fonde sur des hypothèses qui peuvent évoluer au fil du temps. Par conséquent ceci doit nous inciter à conserver un recul critique pour préserver la dimension créative de la démarche.

La P.N.L. considère la personne comme un être d'adaptation et de communication. À partir de cela on distingue trois présupposés essentiels.

1 - Nous possédons les ressources psychologiques nécessaires pour nous donner les moyens d'atteindre nos objectifs

Chaque être humain possédant au départ le même « câblage » neuronal, il n'y a aucune raison qu'il ne puisse s'en servir au mieux de ses objectifs. Il suffit donc d'observer avec soin le modèle d'un comportement et de le reproduire pour enseigner le programme de son cerveau. Les choses ne sont toutefois pas aussi simples ! s'il est admis d'affirmer aujourd'hui que tous les êtres humains possèdent un « câblage » neuronal similaire au départ de leur vie, ensuite, d'importantes différences, pas seulement comportementales, se font jour. L'activation ou l'inhibition de certaines connexions neuronales expliquerait partiellement ces différences. Pour simplifier, si nous possédons plus ou moins les mêmes données de départ, nous ne les utilisons pas tous de la même façon. On admet généralement qu'au fur et à mesure de son développement, les personnes deviennent incapables d'accomplir certaines performances ou d'accéder à certains apprentissages. La P.N.L. réfute en partie cette affirmation en arguant que chaque être possède en lui les moyens d'atteindre ses buts. Anthony Robbins, dans son ouvrage « Pouvoir illimité » illustre parfaitement cette prise de position.

Compte tenu de cela, il apparaît que, dans la mesure où nous voulons atteindre un but, nous allons mobiliser en nous les ressources psychologiques qui vont nous permettre de l'atteindre. Une personne qui pense qu'elle va réussir à atteindre son but perçoit les échecs comme des étapes ou des difficultés à résoudre, et non comme des informations pour l'inciter à renoncer. Inversement, nous observons que dans une large mesure, nous trouvons en nous tous les obstacles nécessaires à nous empêcher d'atteindre nos objectifs ! Une personne dont on interprète le comportement comme un manque de confiance en soi, obéit dans son comportement à une certitude interne qui la dévalorise. Il ne sert à rien de lui suggérer de faire preuve de plus d'assurance si l'on ne réconcilie pas auparavant la personne et ses objectifs conscients ou inconscients.

Dès lors qu'on admet que chacun possède des ressources psychologiques intérieures et l'aptitude potentielle à les utiliser, il devient évident qu'on peut envisager avec optimisme ce qu'auparavant on considérait comme d'insurmontables difficultés.

Cette croyance restaure également les possibilités de choix de la personne. Grinder et Bandler dans leur ouvrage « The structure of Magic » affirmaient que les difficultés psychologiques se manifestent de façon typique par la sensation d'absence de choix. Ainsi, quelqu'un qui ne voit que le côté négatif des événements a souvent l'impression qu'aucune autre interprétation n'est à sa portée. Quelqu'un qui souffre du trac pense à juste titre qu'il est incapable de maîtriser ce qu'il éprouve. Toutefois, la P.N.L. offre la possibilité à chacun de retrouver la liberté de choisir son comportement sans pour autant y perdre en spontanéité et en authenticité.

2 - La carte est différente du territoire qu'elle représente

Alfred Korsybsky, bien connu pour ses travaux de linguiste affirmait dès les années cinquante que nombre de difficultés dans la communication provenaient du fait que les gens confondaient la carte et le territoire, c'est-à-dire la réalité avec sa représentation : le langage dans ce contexte précis. Nous croyons agir sur la réalité, mais nous n'agissons que sur une représentation de celle-ci. Nous disons que chaque être possède sa propre carte du monde, en fonction de laquelle s'élaborent ses choix et ses comportements. Les difficultés de communication procèdent essentiellement des différences entre les cartes de chacun. À partir de ce constat, la P.N.L. préconise de travailler à identifier ce qui caractérise notre représentation du monde et ce qui la différencie de celle des autres de façon à résoudre les difficultés engendrées par le choc culturel de l'interaction. Prendre conscience de sa carte du monde va aider la personne à relativiser ses évaluations, ce qui est vrai dans sa représentation ne l'est pas obligatoirement dans celle des autres. Ce présupposé influence aussi la relation d'aide, les mêmes problèmes n'ont pas les mêmes solutions selon les personnes qui les vivent. Aider les autres de façon réellement efficace ne consiste pas à leur apporter une solution mais à leur permettre d'en trouver une eux-mêmes.

3 - Tout comportement est adaptatif

La notion de cadre de référence découle en toute logique du présupposé précédent. Tout comportement a un sens en fonction du cadre de référence dans lequel il s'inscrit. En conséquence, avant de juger du bien-fondé d'un choix ou d'un comportement il s'agit de le placer dans son contexte et d'observer à quelle économie interne il obéit.

Parfois, nous jugeons qu'un de nos comportements ne nous apporte que des inconvénients et nous voudrions le faire disparaître de notre registre. Or, toute intervention qui ne tient pas compte du cadre de référence de ce comportement semble vouée à l'échec. Tant que nous n'avons pas compris dans quelle économie interne prend place ce comportement, nous ne pouvons rien entreprendre. D'autres lectures de l'expérience reprennent cette notion ; elles évoquent l'existence de bénéfices secondaires : la personne se plaint d'un comportement mais aucune intervention ne marche car elle recueille des bénéfices secondaires trop précieux pour les abandonner au profit d'un changement dont elle ne perçoit pas tout à fait les avantages réels.

Lorsque nous voulons comprendre le déroulement stratégique d'un échec, nous devons nous attacher à mettre en évidence le cadre de référence de cette action et sa valeur pour l'économie interne de la personne en termes de gains et de pertes. De la même façon, la valeur d'un objectif se mesure par rapport aux cadres de références dans lesquels il se situe.

Retenons de cette notion la nécessité d'évaluer expériences, comportements, et objectifs en fonction de leur cadre de référence.

Chapitre 1

La sélection des informations : les systèmes de représentation sensorielle

1 - « La carte n'est pas le territoire »

La première présupposition sur laquelle se fonde la P.N.L. affirme que la carte est différente du territoire qu'elle représente ; c'est-à-dire en d'autres termes que nous n'agissons pas directement sur ce que nous avons coutume d'appeler la réalité, mais sur une représentation de celle-ci, notre carte personnelle se caractérisant par le fait qu'elle diffère d'une part de ce qu'elle veut représenter, et d'autre part par des autres représentations de ce même modèle. Les exemples qui illustrent ceci sont nombreux dans l'expérience individuelle de chacun, où les mêmes événements se trouvent parfois vécus de façon diamétralement opposée, qu'il s'agisse de passer des examens, de partir en week-end un vendredi soir à l'heure de pointe, ou de n'importe quelle autre expérience. Notre façon de percevoir la réalité peut nous induire en erreur, nous amener à des témoignages certes sincères mais contestables, car tout se passe comme si chacun de nous voyait une image différente de cette réalité. L'objectivité n'est pas alors de décrire ce que l'on voit mais de préciser quelle sorte de lunettes on portait au moment de l'observation. Nous gagnerions en précision si seulement nous pouvions connaître la manière dont ceux qui nous informent appréhendent la réalité, quel est leur moyen préféré de perception, quelles présuppositions ils utilisent pour fonder leurs jugements ou leurs affirmations par exemple.

Deux personnes témoins d'un événement ne retiennent probablement pas les mêmes éléments dans leur souvenir, et n'utilisent pas forcément non plus les mêmes moyens sensoriels de sélection des informations.

Si vous posez la question suivante : comment savez-vous qu'il était midi quand vous avez assisté à l'accident ? et que l'on vous réponde : Je le sais parce que j'ai entendu midi sonner, ou encore, je le sais parce que j'ai regardé ma montre, ou bien, j'en suis sûr, parce qu'à midi, j'ai toujours un petit creux, vous pouvez vous douter que la personne qui a regardé l'heure a peut-être aussi entendu sonner l'heure et avait peut-être également un petit creux. La différence c'est qu'elle ne sélectionne qu'une seule information pour étayer son affirmation et lui donner une validité. C'est en partie de cette façon que se construisent les cartes individuelles qui représentent la réalité sur laquelle nous croyons agir, et c'est de ces différences que proviennent la plupart des difficultés de communication. C'est comme si deux personnes, l'une munie d'une photo de la face nord et l'autre de la face sud de la même montagne tentent de la décrire à un extraterrestre. Les deux personnes parlent bien de la même chose, mais elles possèdent à ce sujet des informations très différentes. Chaque être est différent, chaque carte de la réalité diffère de celle de l'autre. Cela peut paraître flagrant en face d'une personne issue d'une culture qui nous est très étrangère, mais c'est en fait à peu près la même chose avec nos plus proches voisins.

Ces différences se révèlent dans l'émergence de conflits qui surgissent la plupart du temps parce que nous partons du principe que l'autre possède les mêmes références que nous, utilise les mêmes cheminements de pensée, et sait déjà ce que nous voulons dire. C'est bien sûr loin d'être le cas.

Le matériel qui construit et habille le souvenir d'une expérience partagée par plusieurs personnes diffère sensiblement d'un individu à l'autre, bien que chacun parte du principe que ceux qui ont partagé une expérience similaire en ont gardé à peu de choses près le même souvenir.

2 - La notion de choix

Si nous appliquons la présupposition qui affirme que la carte est différente du territoire qu'elle représente, nous nous orientons vers la construction du souvenir, vers la structure de l'expérience, et nous prenons alors conscience du fait qu'à chaque instant, nous effectuons des choix parmi les informations qui nous parviennent *via* nos sens et que nous sélectionnons pour leur validité en fonction de l'objectif ou de l'action en cours. Si je cherche une direction dans une ville que je ne connais pas, je prêterai attention en priorité aux panneaux indicateurs portant le nom ou une information à propos de cette direction omettant simultanément de retenir d'autres informations qui ne se trouvent pas alors pertinentes pour mon objectif.

Ainsi, toutes nos actions nous conduisent à effectuer des choix, même si je décide de me promener sans but précis, je ne retiendrai consciemment que quelques-unes des informations que je percevrai. Lorsque nous communiquons avec les autres, nous ne tenons également pas compte de cette sélection des informations tant nous sommes attachés à la croyance d'agir sur la même réalité que l'autre, pourtant, l'incompréhension, les malentendus sont autant d'éléments qui devraient nous conseiller une autre démarche lorsque nous faisons fausse route. Le problème de l'incommunicabilité peut être en partie éclairci sinon résolu si nous prenons la peine de nous interroger sur le comment de la pensée ou de l'action au lieu de tenter d'en trouver les explications, satisfaisantes sans doute au plan intellectuel, mais dont l'efficacité reste à prouver.

3 - L'outil de base : la perception

Nous vivons dans un monde où nous sommes sans cesse assaillis de multiples messages s'adressant à nos sens, pourtant, il semble que nous ne les utilisons qu'en partie en donnant la préférence à l'un d'entre eux.

Ceci nous amène à prendre conscience qu'en fait nous n'agissons pas sur le monde extérieur ou sur la réalité en tant qu'entité mais sur la représentation que nous construisons de celle-ci dont la perception est par définition sensorielle.

La P.N.L. s'appuie sur le fait que la carte n'est pas le territoire (Korsybsky), ce qui veut dire que nous agissons selon notre carte personnelle de la réalité et non sur le territoire qu'elle représente. Ceci explique les complexités de la communication humaine, chaque être est différent et possède sa propre carte de la réalité.

Nous nous proposons ici de découvrir quelques modèles permettant de comprendre la façon dont se construisent les cartes qu'utilisent les personnes. Ces modèles vont nous servir à mieux nous y adapter pour mieux faire passer les informations que nous souhaitons communiquer qu'il s'agisse d'une relation d'aide, de vente, de négociation, d'enseignement ou d'un autre type d'interaction.

4 - Les systèmes de représentation sensorielle

Systèmes de représentation sensorielle

Information sensorielle perçue par les cinq sens de façon simultanée et inconsciente

Une seule information sensorielle à la fois perçue de façon consciente

Système de représentation sensorielle dominant

VISUEL   **AUDITIF**   **KINESTHÉSIQUE**

Reconnaître le système de représentation sensorielle dominant

Les messages à observer

– posture
– gestuelle
– expression du visage
– clés d'accès visuelles
– qualité de la voix
– choix des mots

Comme le montre le tableau précédent, les informations venues du monde extérieur sont perçues simultanément par tous nos sens, mais ceci se passe à un niveau inconscient tandis que consciemment nous ne percevons qu'une seule information sensorielle à la fois. Quand nous dormons par exemple, cela n'empêche pas nos oreilles de fonctionner, ce n'est pas pour autant que nous en avons conscience. De la même façon à l'état de veille nous ne prêtons attention consciemment qu'à un seul de nos sens à la fois, nous passons cependant très rapidement de l'un à l'autre.

Divers facteurs vont s'imbriquer pour arriver au résultat suivant : l'être humain utilise de façon dominante l'un de ses sens pour représenter la réalité.

La P.N.L. définit trois principaux systèmes de représentation sensorielle :

– *le système visuel ;*
– *le système auditif ;*
– *le système kinesthésique* qui se réfère aux sensations tactiles, gustatives, olfactives et aux émotions.

Nous avons tous un système de représentation sensorielle dominant ou primaire, nous n'avons pas toujours conscience de cela et à plus forte raison nous ignorons souvent que nos interlocuteurs se servent d'un système sensoriel différent du nôtre.

C'est pourquoi nous vous proposons quelques points caractéristiques à observer qui vous permettront de connaître votre système de représentation sensorielle dominante et de découvrir celui des autres. Lorsque nous communiquons, nous utilisons tous nos moyens d'expression, le comportement verbal et non verbal se complètent pour former nos messages. Les systèmes de représentation sensorielle se dévoilent dans le comportement. Des constantes ont pu être observées et des modèles construits pour mettre en évidence le système de représentation sensoriel utilisé.

Avant de poursuivre, une remarque importante s'impose : bien que nous ayons un système sensoriel dominant, cela ne nous empêche pas de nous servir des autres, une personne peut très bien être à dominante visuelle et fonctionner sur un mode kinesthésique selon les contextes.

Système de représentation sensorielle et comportement

Visuel →
- posture un peu raide
- gestes dirigés vers le haut
- respiration superficielle et rapide
- voix aiguë, rythme rapide, saccadé
- mots visuels

Auditif →
- posture décontractée
- position d'écoute « téléphone »
- respiration assez ample
- voix bien timbrée, rythme moyen
- mots auditifs

Kinesthésique →
- posture très décontractée
- gestes qui miment les mots
- respiration profonde, ample
- voix grave, rythme lent avec de nombreuses pauses
- références aux sensations dans le choix des mots

5 - Les clés d'accès visuelles

Les clés d'accès visuelles

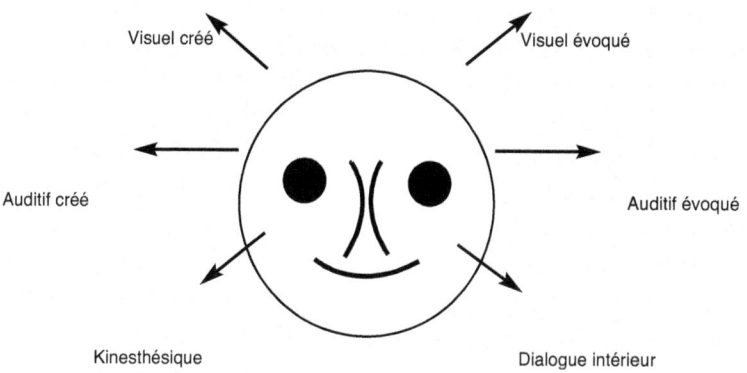

Schéma valable pour 95 % des droitiers
généralement inversé chez les autres

L'observation des séquences des clés d'accès visuelles donne accès aux stratégies.

L'observation des mouvements involontaires des yeux permet de connaître les processus de la pensée. Lorsque l'on observe le regard de la personne aller vers le haut et la droite, cela signifie qu'elle se souvient d'images, si elle regarde en haut et à gauche, elle construit des images, quand le regard est fixe, cela indique que la personne réfléchit toujours au moyen d'images.

Quand on observe le regard se diriger latéralement à droite cela veut dire que la personne se souvient de sons (conversations, musiques, bruits...), si le regard est dirigé à gauche, elle crée des sons, et quand elle regarde en bas et à droite, cela signifie qu'elle est en dialogue intérieur, elle réfléchit sous la forme d'une conversation avec elle-même.

Un regard que l'on observe dirigé vers le bas et la gauche signifie que la personne fonctionne sur un mode kinesthésique, c'est-à-dire qu'elle fait attention à ses sensations : émotions ou sensations tactiles ou encore gustatives et olfactives.

Le modèle des clés d'accès visuelles, l'observation du comportement global nous permettent de découvrir quel système de représentation sensoriel utilisent nos interlocuteurs.

Cependant, il y a un autre niveau d'observation : c'est **le choix des mots**.

Les mots qu'utilise la personne pour décrire son expérience subjective vont rendre compte du système sensoriel dominant dans cette expérience.

Rappelons cependant que ces caractéristiques ne sont pas là pour étiqueter des comportements mais seulement pour vous aider, vous servir de guide afin de savoir à l'instant où vous êtes en contact avec votre interlocuteur, s'il se sert d'un mode visuel, auditif ou kinestésique pour recueillir ses informations et communiquer.

Quelques mots pour décrire l'expérience subjective.

Visuel	Auditif	Kinesthésique
voir	entendre	sentir
à première vue	bien entendu	le bon sens
évidemment	prêter l'oreille	les pieds sur terre
visiblement	tendre l'oreille	chaleur
clair	la sourde oreille	tiédeur
lumineux	faire écho	froideur
éclaircir	un son de cloche	le cœur sur la main
éclairer	être au diapason	prendre à cœur
objectif	jouer sur toute la gamme	contact
perspective	un cri perçant	joli à croquer
illustrer	hurler	ça sent le roussi
pittoresque	parler, dire	lourd
brumeux	sonner faux, vrai	
lucide	écouter	léger
clairvoyant	entendre des voix	choc
cliché	faire des messes basses	saisir
illusion	harmonie	avoir du flair
mirage	orchestré	ressentir
voir la vie en rose	fausse note	éprouver

Ces mots sont proposés à titre d'exemple, certains d'entre eux peuvent d'ailleurs selon les contextes être différemment interprétés. Ce qui sera visuel, auditif ou kinesthésique dans une expérience c'est le vécu subjectif de la personne, tous les sens participent. Ce qu'il importe de savoir c'est quelle est la place accordée à chacun d'eux par celui qui exprime son vécu de l'expérience.

6 - Observer les stratégies

Au bas du schéma décrivant les clés d'accès visuelles vous trouverez la remarque suivante *l'observation des séquences des clés d'accès visuelles donne accès aux stratégies*. Au cours de la conversation, il vous sera possible de remarquer que lorsque votre interlocuteur réfléchit et s'exprime, les clés d'accès visuelles changent en permanence. Une personne qui se souvient d'une expérience, qui cherche une réponse à la question que vous venez de poser montre des séquences qui se répètent, vous pourrez donc voir se reproduire les mêmes enchaînements au niveau des clés d'accès visuelles. Par exemple, elle peut passer du visuel évoqué au visuel construit puis au dialogue intérieur et enfin au kinesthésique. Cela illustre ce que la P.N.L. nomme une stratégie.

Le fait le plus remarquable c'est que nous ne possédons généralement qu'une stratégie par activité. Même si nous ne nous en rendons pas bien compte, quand il s'agit de prendre une décision, nous utilisons la même stratégie qu'il s'agisse d'acheter une chemise ou de déménager.

Comme nous l'avons montré plus haut, il y a un second niveau d'observation dans la mise en évidence de la stratégie, c'est le choix des mots à référence sensorielle.

Les deux observations se complètent, l'une venant confirmer l'autre. Dans une stratégie on distingue trois étapes, l'entrée, les opérations et la sortie. Ce que nous observons principalement se situe au plan de la forme, c'est-à-dire du mode sensoriel utilisé à chaque étape.

Cette observation nous permet de savoir comment, avec quel système de représentation sensorielle nous allons présenter notre information à notre interlocuteur car il est manifeste que si nous utilisons, si nous respectons la séquence de sa stratégie, il comprendra beaucoup plus facilement ce que nous avons à dire.

Exemple

C : Ronan, avez-vous acheté quelque chose récemment ?

R : Oui, un radio-réveil, pour faire un cadeau.

C : Comment l'avez-vous choisi ?

R : D'abord, je savais que la personne en avait besoin, elle me l'avait dit. Ensuite, j'en ai cherché un et quand je l'ai trouvé je l'ai acheté.

C : Qu'est-ce que vous attendiez d'un radio-réveil selon vos souhaits ?

R : En premier, il faut qu'il soit solide, qu'il ait une bonne qualité sonore, qu'il soit joli et d'un prix raisonnable.

C : Comment pouvez-vous savoir qu'un radio-réveil est solide ?

R : (Il fait le geste de prendre l'appareil et de le soupeser.) Cela se sent.

C : Avez-vous comparé plusieurs radios-réveils ?

R : Oui, j'ai choisi le plus robuste.

C : Vous étiez content de votre achat ?

R : Oui, je me suis dit que j'avais fait une bonne affaire.

Ceci montre que la stratégie de décision d'achat de Ronan apparaît clairement, l'entrée y est ici auditive, il veut faire un cadeau à quelqu'un et cette personne lui dit précisément ce qu'elle aime. Cela suffit à le faire aller dans le processus de prise de décision.

Ensuite, il cherche un objet qui corresponde à ses propres critères, c'est-à-dire en suivant l'ordre qu'il nous donne : solidité, qualité sonore, aspect. Cette hiérarchie nous apprend que pour Ronan le plus important, la solidité, se définit sur un mode kinesthésique, ensuite, c'est le mode auditif qui est employé (qualité sonore), pour finir, il s'intéresse à l'aspect de l'objet donc à une information visuelle. En cas d'hésitation, il peut être amené à faire des comparaisons entre ces trois types d'informations mais c'est celle qui intéresse le système kinesthésique qui emportera la décision.

La sortie de la stratégie se déroule sur le mode auditif, il s'agit d'un dialogue intérieur positif. Dans l'exemple montré, Ronan n'a pas précisé, mais ce dialogue intérieur positif est certainement accompagné d'un état intérieur positif manifesté sur le mode kinesthésique.

Il importe de reconnaître la sortie positive de la prise de décision, elle renseigne avec une grande précision sur l'état intérieur de la personne. Si nous devions vendre un autre objet à Ronan, pour le convaincre, il faudrait respecter sa stratégie en lui présentant notre argumentation, ce faisant nous mettrions toutes les chances de notre côté.

D'une façon générale, les stratégies de prise de décision, de résolution de problème se terminent par une sortie sous forme de dialogue intérieur positif ou de sensation kinesthésique positive.

Nous allons étudier maintenant comment observer, la P.N.L. utilise aussi le terme « calibrer », un état intérieur représenté par un comportement extérieur.

7 - Calibrage

Si l'on vous demande de penser à quelque chose d'agréable, vous allez partiellement revivre une expérience au cours de laquelle vous avez eu des sensations positives et en faisant cela, en y pensant, vous allez montrer des signes qui pour vous caractérisent cette expérience.

Ces signes seront d'abord observables sur le plan visuel, ce seront :
– l'expression du visage (tonus des muscles peauciers), la couleur du visage, les clés d'accès visuelles, les gestes, la posture.

Puis, observables au niveau auditif :
– la qualité de la voix (ton, rythme, volume) ;
– le choix des mots et le contenu du discours.

Sur le plan kinesthésique, des observations tactiles (chaleur et tonus) sont également source d'information : la poignée de main.

L'ensemble de ces signes, la présence de modifications dans le comportement extérieur, va permettre de prendre une sorte de photographie de son expérience. S'il s'agit d'une expérience agréable vous saurez comment reconnaître un état positif chez votre interlocuteur.

8 - Exercices

Les exercices qui suivent ont pour objectif de montrer que nous percevons un ensemble d'informations sensorielles mais que nous n'en retenons que certaines comme pertinentes, ils sont destinés à illustrer les notions développées dans ce chapitre. Sur un plan pratique, ils peuvent être effectués soit individuellement, soit adaptés au cadre d'un travail en groupe.

Exercice 1 : Deux par deux

– Demandez à votre partenaire de penser à quelque chose qui fait réellement partie de son expérience dans son histoire personnelle et calibrez.

– Faites un intermède.

– Demandez-lui de penser à quelque chose qui ne fait pas partie de son expérience personnelle, puis calibrez.

– Posez-lui maintenant des questions dont la réponse ne peut être que oui ou non, par exemple, êtes-vous allé aux États-Unis ?, ou encore, avez-vous pratiqué le yoga ? etc. et, muni des renseignements obtenus grâce au calibrage effectué auparavant, tentez de deviner si votre interlocuteur dit vrai ou non.

– Changez de rôle après avoir posé une dizaine de questions.

Exercice 2 : Sélection des informations

– Regardez autour de vous : combien de couleurs différentes voyez-vous, quelles formes pouvez-vous distinguer dans l'environnement où vous vous trouvez ?

– Citez-les dans l'ordre où elles vous apparaissent.

– Comparez votre expérience avec celle des personnes qui sont autour de vous.

– Écoutez attentivement les bruits qui vous entourent, lesquels entendez-vous ?

Même travail que pour les couleurs et les formes.

– Maintenant, essayez de sentir la position de votre corps, quelles sensations éprouvez-vous ?

Exercice 3 : Par groupes de trois personnes A, B et C

– A demande à B de se souvenir d'un événement suffisamment banal pour que C puisse avoir une expérience similaire (prendre le train par exemple).

– A demande à B de décrire ce qu'il a vu, C répond pour lui à cette question puis compare sa réponse avec celle de B.

– A demande à C de décrire ce qu'il a entendu, B répond pour lui à cette question et compare sa réponse à celle de C.

– A demande à B et à C de décrire les sensations qu'ils ont perçues dans cette expérience.

– A récapitule ce qui a été dit et souligne les similitudes et les différences qui existent entre les expériences subjectives de B et de C.

Exercice 4 : Sélection des informations

– Monsieur X qui n'a pas de montre donne rendez-vous à Madame Y à quatre heures dans un jardin public. Quand elle arrive il lui fait remarquer qu'elle est en retard.

Si vous étiez Monsieur X comment feriez-vous pour affirmer cela ?

Le but de cet exercice n'est pas de trouver une solution compliquée mais de faire remarquer quelle information sensorielle va-t-on essayer de trouver pour soutenir l'affirmation.

Exercice 5

– Vous vous promenez dans un endroit que vous connaissez mal, et brusquement, vous réalisez que vous vous êtes perdu :

– Comment savez-vous que vous êtes perdu ?

– Quels sont les éléments d'information présents autour de vous qui vous prouvent que vous vous êtes égaré ?

– Comment avez-vous l'intention de faire pour retrouver votre chemin ?

– Comment saurez-vous que vous avez retrouvé votre chemin ? Quels seront les éléments d'information présents autour de vous qui pourront vous le prouver ?

Exercice 6

– Vous rencontrez une personne qui affirme être allée visiter un lieu précis que vous connaissez aussi :

– Comment ferez-vous pour vérifier que cette personne dit la vérité ?

– Quels sont les éléments présents dans le souvenir que cette personne a de l'expérience et qui vous prouvent qu'elle est bien allée à cet endroit ?

– Quelles sont les différences entre la description de son expérience et la vôtre qui vous incitent à croire qu'elle ne dit pas la vérité ?

– Que ressentez-vous si la personne vous fait remarquer des éléments concernant l'expérience et qui ne sont pas présents dans votre souvenir ?

– Comparez votre souvenir à celui de l'autre personne, soulignez les similitudes et les différences.

Exercice 7 : Groupes de 3 A, B et C

– A explique à B avec un maximum de détails un problème et sa solution (comment aller d'un endroit à un autre par exemple).

– B écoute attentivement puis explique la solution de ce problème à C qui n'a pas assisté à l'étape précédente.

– C expose le problème et sa solution à A et B.

– A et B soulignent les similitudes et les différences entre la première version du problème et celle qu'en donne C.

– A, B et C tentent de déterminer quelles sont les similitudes, ou les caractéristiques des détails retenus par B dans l'exposé de A, et celles retenues par C dans l'exposé de B (étudier les similitudes par rapport à leurs références aux systèmes représentationnels, à un système de valeurs ou à des croyances et des présuppositions).

Exercice 8 : En groupe de 3 personnes A, B et C

– A demande à B des informations à propos d'une personne qu'ils connaissent l'un et l'autre mais que A est supposé n'avoir pas rencontré depuis plusieurs années par exemple.

– B répond aux questions de A avec un maximum de détails.

– C observe et écoute puis pose à B les questions que A aurait selon lui oublié de poser, il vérifie si, toujours selon son avis personnel, B apporte dans ses réponses les informations dont il a besoin.

– Parmi toutes ces informations, A, B et C choisissent celles qui leur paraissent les plus utiles (les classer par ordre d'importance sur une liste).

– A, B et C comparent leurs listes et soulignent les différences et les similitudes (le classement de ces informations apporte-t-il selon eux des éclaircissements à propos de l'orientation de la personne par rapport à un système de valeurs, des croyances ou des présuppositions, quelles sont les informations à référence sensorielle qui ont été retenues, et peut-on les considérer comme significatives d'une orientation dominante de la personne ?).

Chapitre 2

Établir un contact positif : le rapport

1 - Prendre contact, établir le rapport

Vous savez d'ores et déjà comment observer. Votre acuité sensorielle se développera tant que vous vous exercerez à prêter attention à des signes que vous ne remarquez pas d'habitude.

Parmi ceux-ci, il existe un phénomène naturel à l'interaction humaine et dont cependant nous n'avons pas toujours conscience, c'est le mimétisme comportemental qui surgit chaque fois que la communication passe bien entre deux ou plusieurs individus. La P.N.L. donne à ce phénomène le nom de **rapport.**

Si vous regardez deux personnes qui conversent, vous pourrez vous apercevoir très rapidement qu'elles ont des attitudes similaires, plus précisément, les postures, les gestes sont en harmonie, en quelque sorte synchronisés, si vous pouvez entendre la conversation, vous pourrez remarquer aussi que les voix sont en accord, le ton, le volume, le rythme, les intonations et le choix des mots.

Phénomène plus remarquable encore, tout se passe comme si l'une des deux personnes guidait l'autre et cela tour à tour, l'une change de posture ou de rythme vocal et l'autre la suit. La P.N.L. définit cela par le terme **« conduire ».**

Quel que soit l'objectif de la conversation, le rapport est nécessaire, c'est-à-dire que sans lui, il devient impossible d'atteindre l'objectif puisqu'en son absence, la communication ne passe pas.

Nous savons tous comment se déroule un entretien fructueux, intéressant pour chaque partenaire, nous avons déjà éprouvé l'impression d'être parfaitement compris de nos interlocuteurs et aussi de les comprendre. Lorsque cela nous arrive, certains d'entre nous peuvent se dire qu'ils ont un bon contact avec telle ou telle personne et que cela résulte du hasard.

S'il est exact que les affinités existent entre les personnes, il n'en demeure pas moins qu'il est possible de créer un bon contact avec les techniques de rapport.

On peut définir le rapport comme un climat de confiance entre les interlocuteurs, ce climat n'implique pourtant pas de notion affective, et vous n'êtes pas obligé d'aimer quelqu'un pour bien communiquer avec cette personne. Que vos interlocuteurs vous soient ou non sympathiques, vous pourrez bientôt construire les conditions du rapport.

Dans un premier temps, nous allons apprendre à nous mettre en phase avec l'autre, c'est-à-dire adopter un comportement qui reflète celui de notre interlocuteur. Puis dans un second temps, à prendre l'initiative, c'est-à-dire à conduire notre interlocuteur.

Ces techniques sont à mettre en place tant au plan verbal que non verbal.

2 - La distance

Cependant, avant de commencer les exercices spécifiques de rapport, il nous faut prendre conscience de notre distance de confort. En effet, si nous rencontrons quelqu'un pour la première fois, nous nous trouvons dans la situation de l'explorateur qui découvre un nouveau continent et la première chose à laquelle nous aurons besoin de nous adapter c'est la distance de notre interlocuteur.

Exercice 9 : Deux par deux

– Votre partenaire reste immobile, vous allez modifier votre distance par rapport à lui et essayer de sentir en quoi cela modifie votre expérience.

– Selon que la distance entre vous est plus ou moins grande, quel type de relation pourrait être en jeu ?

– Si maintenant, c'est votre partenaire qui modifie sa distance par rapport à vous, que ressentez-vous ?

– Lorsque vous avez exploré ces différents points, changez de rôle.

Ce tableau nous montre les points que nous devons observer et ce que nous devons refléter dans le comportement de l'interlocuteur afin d'établir le rapport.

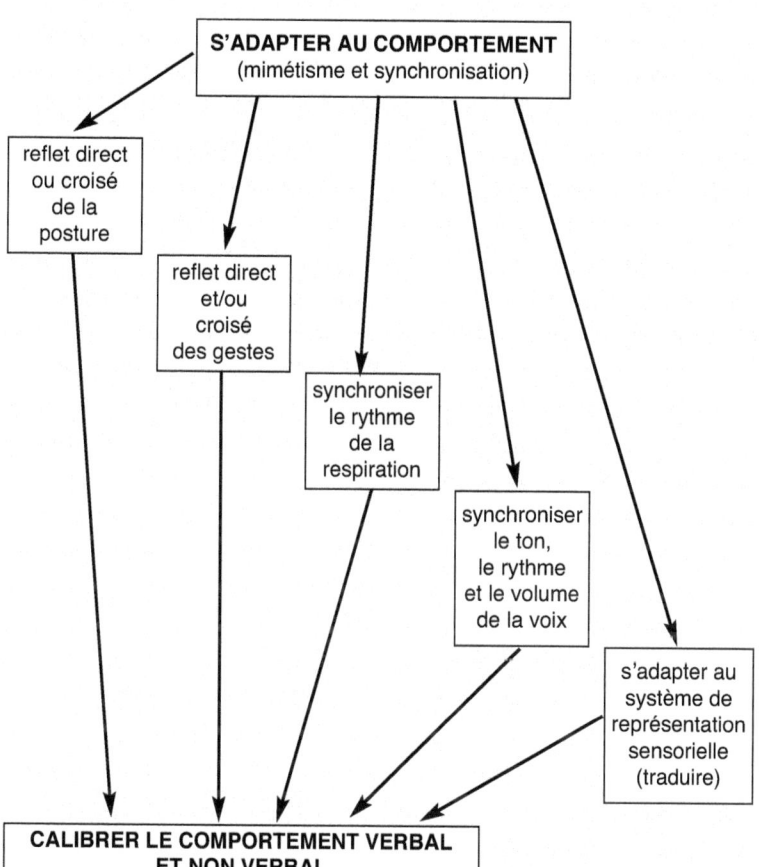

ÉTABLIR LE RAPPORT

S'ADAPTER AU COMPORTEMENT
(mimétisme et synchronisation)

reflet direct
ou croisé
de la
posture

reflet direct
et/ou
croisé
des gestes

synchroniser
le rythme
de la
respiration

synchroniser
le ton,
le rythme
et le volume
de la voix

s'adapter au
système de
représentation
sensorielle
(traduire)

CALIBRER LE COMPORTEMENT VERBAL
ET NON VERBAL

Au-delà des distances interindividuelles spécifiques d'une culture [1], existent des différences sensibles entre les individus. Certains souhaitent presque vous toucher pour avoir la sensation d'être compris, d'autres s'éloignent tant de vous pour être à leur aise que vous vous sentez presque obligé d'élever la voix pour vous exprimer.

J'ai eu pour cliente une déléguée médicale qui m'expliquait qu'elle avait un excellent contact avec les médecins qu'elle visitait sauf un. Elle allait le voir régulièrement depuis plusieurs années, avait tout essayé et rien n'avait marché, le monsieur en question restait de glace ne soufflait mot pendant le quart d'heure de la visite, ma cliente sortait de son bureau plutôt mal à l'aise, elle ne comprenait pas comment cela pouvait arriver.

Je demandais à ma cliente de m'expliquer précisément comment se déroulaient les entretiens, j'avais besoin de connaître tous les détails. Nous avons travaillé sous forme de jeu de rôle, elle jouait son propre rôle et moi celui du médecin. Ma cliente m'avait si bien décrit les attitudes en bonne observatrice qu'elle était, que je compris rapidement ce qui se passait. Elle avait pour habitude de déployer ses documentations sur le bureau de la personne qu'elle visitait afin de les lui montrer de près, ce faisant, elle se penchait en avant pour commenter et ainsi diminuait la distance. Avec tous les autres clients, cette attitude donnait de bons résultats dans l'ensemble mais, dans ce cas particulier, chaque fois que ma cliente avançait, l'autre reculait et terminait l'entretien le dos collé au dossier de son fauteuil le plus loin possible du bureau.

Je conseillai à ma cliente de ne surtout rien poser sur le bureau à la prochaine visite et de rester assise bien droite sur sa chaise. Pour la première fois en six ans, son client se montra aimable.

Exercice 10

Pour vous-même, observez deux personnes en train de se parler et essayez de savoir si le rapport existe entre ces personnes.
– Si oui, qu'est-ce qui vous permet de le savoir ?
– Si non, qu'est-ce qui vous permet de le dire ?

---

1. Lire à ce propos les livres de Edward T. Hall, *La dimension cachée* et *Le langage silencieux*.

3 - Mimétisme comportemental

Si les phénomènes de mimétisme comportemental apparaissent naturellement dans l'interaction humaine, nous pouvons aussi leur donner un léger coup de pouce en pratiquant les techniques de rapport. La P.N.L. nous dit que nous comprenons mieux ce qui nous est familier, ainsi lorsque nous avons un comportement qui s'accorde à celui de notre interlocuteur, d'une part il nous comprend mieux et d'autre part nous comprenons mieux ce qu'il veut nous communiquer. C'est l'illustration du proverbe qui se ressemble s'assemble.

1 - Refléter la posture

Lorsque l'adaptation à la distance est réalisée, pour refléter la posture, vous devez en adopter une qui soit en accord avec celle de votre interlocuteur. Vous pouvez faire un reflet direct ou croisé de celle-ci, ce qui importe c'est que votre posture ressemble à celle de votre interlocuteur.

2 - Refléter les gestes

Ici encore, il s'agit de vous adapter à la gestuelle particulière de votre interlocuteur sans pour autant la mimer rigoureusement ce qui manquerait par trop d'habileté. Si votre interlocuteur ponctue ses phrases de grands gestes, vous pouvez vous contenter d'en refléter le rythme en hochant la tête.

3 - S'accorder au rythme de la respiration

Cette fois, il s'agit d'une technique très particulière et singulièrement efficace pour établir le rapport. Lorsque vous respirez au même rythme que votre interlocuteur, c'est un peu comme si vous viviez sur le même rythme, c'est une chose qui passe tout à fait inaperçue de l'autre car la respiration est une fonction partiellement inconsciente. Cette technique vous permet aussi de parler au même rythme que votre partenaire et ceci revêt une importance primordiale.

4 - S'accorder à la voix

Si vous êtes synchronisé au rythme de la respiration ce n'est plus qu'un jeu de vous accorder à la voix, d'autant que celle-ci découle directement de la quantité d'air que nous respirons.

Par ailleurs, nous n'avons pas conscience du son que l'autre entend au moment où nous lui parlons, c'est pourquoi nos partenaires n'ont pratiquement aucune chance de découvrir que nous nous accordons à leur voix si nous le faisons avec suffisamment de discrétion.

Lorsqu'il s'agit de nous accorder à la voix, cela veut dire au rythme, au ton et au volume de celle-ci.

4 - S'accorder au système de représentation sensorielle

Nous avons vu plus haut que selon le système de représentation sensorielle utilisé, cela supposait une utilisation sélective de mots décrivant en termes sensoriels une expérience subjective.

Le choix des mots est en relation étroite avec les clés d'accès visuelles ; l'observation des unes permettant de vérifier les autres et *vice versa*. Lorsque nous établissons le rapport avec une personne il ne s'agit pas seulement de messages non verbaux mais aussi de messages verbaux. Ainsi, lorsque votre interlocuteur utilise des termes visuels, il s'agit de lui répondre en termes visuels et ainsi de suite comme nous l'avons décrit au paragraphe concernant les stratégies.

5 - Exercices

Exercice 11 :
Par groupes de trois : un sujet, un acteur et un témoin

– Le sujet et l'acteur conversent.

– L'acteur change de posture et effectue des gestes au cours de la conversation.

– Le rôle du témoin est de le remarquer et de noter si le sujet s'adapte ou non à ces changements.

– À tour de rôle.

Exercice 12 : Par groupes de trois : un sujet, un acteur et un témoin

– Le sujet dit une phrase.
– L'acteur doit répéter cette phrase en reflétant la qualité de la voix et le rythme de la respiration.
– Le témoin vérifie.
– À tour de rôle pendant cinq ou six tours, en augmentant la durée du message initial (à la fin le sujet peut raconter une courte histoire, dans ce cas, l'acteur ne doit pas reprendre mot pour mot mais se contenter de refléter la forme du message de la voix).

Exercice 13 : Par groupes de trois : un sujet, un acteur et un témoin

– Le sujet raconte une courte histoire en termes visuels.
– Le témoin lui répond avec des mots visuels.
– L'acteur traduit en termes auditifs.
– À tour de rôle jusqu'à ce que chacun ait expérimenté l'accord et la traduction des trois systèmes de représentation sensorielle. L'objectif de cet exercice est d'amener les participants à prendre conscience de leur système de représentation sensorielle dominant, celui qui leur est le plus facile et le plus naturel d'utiliser.

Exercice 14 : Par groupes de trois : un sujet, un acteur et un témoin

– Le sujet raconte une expérience en termes visuels.
– L'acteur raconte cette même expérience en termes auditifs.
– Le témoin raconte cette même expérience en termes kinesthésiques.
– À tour de rôle et en changeant d'expérience de façon à ce que chacun ait expérimenté les trois systèmes de représentation sensorielle.

Exercice 15 : S'accorder et conduire (vérifier la bonne distance), groupes de 3 personnes, A, B et C

1 - A rencontre B et commence à lui parler, B lui répond.
2 - C observe et vérifie si le rapport existe (distance, mimétisme comportemental, choix des mots).
– Qui semble mener le jeu ?
– Y a-t-il un leader ? Le rôle de leader change-t-il ? Si oui quand, ou, comment ?

– Lequel des deux semble s'adapter à la distance donnée par l'autre ?

– Existe-t-il des réactions exprimant un malaise quand l'un des deux s'éloigne ou se rapproche de l'autre ?

3 - C fait part de ses observations à A et B et ils les vérifient ensemble ; ce qu'a perçu C correspond-il à ce qu'ont vécu A et B ?

4 - À tour de rôle.

Établir le rapport en adaptant son comportement à celui de l'autre, c'est en quelque sorte nous mettre un peu à sa place en partageant son expérience, c'est aussi une manière de montrer du respect pour nos interlocuteurs, et c'est surtout un moyen très efficace de les comprendre. Pour vérifier que le rapport est établi, il existe au moins deux façons de procéder. La première s'applique de façon quasi instantanée, il s'agit de savoir si l'on se sent ou non à l'aise ; c'est une vérification kinesthésique et, généralement elle peut suffire encore qu'il soit plus avisé de comparer notre sensation avec ce que nous percevons de l'autre.

L'autre vérification, la plus sûre à mon sens, consiste à tester l'interlocuteur pour vérifier que l'on peut ou non conduire au sens P.N.L. du terme, si par exemple, vous changez de posture et que votre partenaire vous suit dans un intervalle de trente secondes, cela signifie que vous conduisez, dans le cas contraire, vous devez renforcer le rapport et le vérifier à nouveau un peu plus tard.

Exercice 16 : Voici une suite de phrases orientées sur un mode visuel, auditif ou kinesthésique, l'exercice consiste :

1) À trouver une réponse dans le système sensoriel utilisé.
2) À traduire dans les deux autres.

– Je vois ce que vous voulez dire
1) s'accorder ;
2) traduire ;
3) traduire.

– Mettez-vous sur la même longueur d'ondes
1) s'accorder ;
2) traduire ;
3) traduire.

– Il agit comme s'il ne me voyait pas
1) s'accorder ;
2) traduire ;
3) traduire.

– Je souhaite garder le contact avec M. Dupont
1) s'accorder ;
2) traduire ;
3) traduire.

– Je n'ai eu que des échos favorables à son sujet
1) s'accorder ;
2) traduire ;
3) traduire.

– Il a des vues sur elle
1) s'accorder ;
2) traduire ;
3) traduire.

Chapitre 3

Savoir exprimer ce que l'on veut : le métamodèle pour le langage

1 - Les objectifs

Quel que soit le style de communication en jeu, pour arriver au résultat souhaité il est impératif d'avoir un objectif. Quand vous n'avez pas d'objectif, vous allez à l'aveuglette, c'est d'ailleurs un objectif tout à fait acceptable, cela dépend de ce que vous voulez.

Les personnes qui réussissent ce qu'elles entreprennent partagent une caractéristique : elles sont capables de définir très précisément leur objectif. En effet, plus l'objectif est exprimé clairement, et plus il y a de chances de l'atteindre. Quand vous parvenez à donner une définition très explicite de ce que vous voulez, vous vous offrez en outre les moyens d'arriver au but. La P.N.L. nous apprend que pour définir au mieux un objectif, il faut arriver à en construire une image qui doit s'exprimer d'une seule façon, c'est-à-dire qui soit claire, concrète et positive. Si nous admettons que la liberté est un objectif à atteindre, nous devons nous interroger sur la signification concrète de ce terme, s'agit-il par exemple d'être libre d'organiser son temps ? Ou bien de choisir ses amis ?

Au cours d'une enquête à propos des stratégies de réussite, j'ai interrogé une femme qui manifestement possède le talent de réussir ce qu'elle entreprend. Lorsque je lui demande comment elle fait elle me répond :

– Ce qui compte avant tout c'est de savoir où l'on va mais aussi d'où l'on part.

J'insiste à propos du point de départ :

– Oui, il faut être conscient de ce que l'on a déjà fait avant d'entreprendre quelque chose, par exemple, je sais qu'il y a des activités (du sport) que je ne veux pas faire parce que cela me demande une énergie que je ne peux atteindre.

Quelque temps plus tard elle précise.

– Quand je décide de faire quelque chose, je prépare tout à l'avance dans mon esprit. Quand je dois avoir une discussion difficile, je vais d'avance prévoir toutes les objections qui pourraient m'être faites et je leur trouve une solution. Je prends le maximum de renseignements, tout se passe comme si j'avais dans la tête une petite caméra qui enregistrerait tout ce qui arrive, ainsi, lorsque je dois mettre mes projets à exécution, je me sens vraiment prête.

Cette personne nous donne ici un aperçu de sa stratégie, elle insiste beaucoup sur le fait qu'elle a besoin d'un maximum de données concrètes (sensorielles) avant se mettre en action, toutes ces données viennent donner corps à son objectif. Elle traite mentalement les problèmes à l'avance, elle envisage aussi les conséquences de son objectif et effectue une mise en place dans le futur. Ce sont là les conditions nécessaires à la fois à l'élaboration d'un objectif écologique (les conséquences de l'objectif sont en accord avec le monde de la personne), et à sa réalisation positive.

La P.N.L. propose ce qu'elle appelle une stratégie d'objectif qui comprend sept questions de base à partir desquelles nous allons avoir une idée précise de ce que nous voulons ou de ce que veut la personne à qui nous posons ces questions.

La tendance générale de ces questions est de nous permettre de connaître le comment plus que le pourquoi, c'est-à-dire un objectif défini en termes de processus et non de rationalisation ou de justification. Ces questions ont été sélectionnées d'après leur efficacité, car il s'avère que les communicants les plus habiles (observés dans le domaine de la psychothérapie, de la vente, de la négociation) les utilisent de façon systématique.

Les questions de base que nous proposons ici ne sont pas à utiliser textuellement, il faudra même les adapter au contenu de l'entretien, elles sont à garder très présentes en mémoire et sont destinées à donner au questionnement sa ligne stratégique.

- **Que voulez-vous ?**
- **Comment saurez-vous que vous l'avez obtenu ?**
- **Comment quelqu'un d'autre le saura-t-il ?**
- **Que se passera-t-il quand vous l'aurez ?**
- **Qu'est-ce qui vous empêche de l'avoir ?**
- **Quand le voulez-vous ?**
- **Que pourriez-vous perdre en l'obtenant ?**

Ces questions sont à double usage, c'est-à-dire qu'il convient de se les poser sous forme de dialogue intérieur aussi bien que de les poser à un interlocuteur sous la forme adéquate ; cependant, quelle que soit la forme de la question, il importe d'accepter les réponses avec un certain filtre destiné à éviter les malentendus.

1 - N'accepter que des réponses formulées au positif

La négation est une création abstraite. Si nous prenons un exemple chez les animaux, le chien ne peut pas communiquer le message « je ne vais pas attaquer » sans auparavant simuler un comportement d'agression. Lorsque nous voulons signifier que quelque chose est interdit nous sommes obligés d'utiliser une représentation de ce que nous voulons interdire avec un signe quelconque reconnu comme une négation. Ceci nous conduit à préférer un style direct et, lorsque nous entendons une réponse du type « je ne veux pas X... », nous demandons automatiquement (au moins au niveau de notre dialogue intérieur car notre intuition peut nous amener à laisser volontairement dans l'ombre l'objectif de l'autre) « que voulez-vous à la place ? ».

2 - Préférer les réponses exprimées en termes concrets

Plus vous ferez descendre le niveau d'abstraction des réponses de votre interlocuteur et plus vous diminuez les possibilités d'ambiguïté qui sont généralement source de problèmes ou de conflits. Ainsi, lorsque nous posons la question :

– Comment saurez-vous que vous avez atteint votre objectif ?

Nous voulons obtenir des réponses qui nous montrent quelles sont les preuves visibles, tangibles, audibles dont l'interlocuteur a besoin pour être sûr d'avoir atteint son objectif.

Les termes abstraits ont leur utilité pour définir les grandes lignes d'un projet par exemple, mais lorsque nous entendons une phrase telle que : « Nous souhaitons améliorer l'efficacité de notre force de vente », pour qu'elle prenne véritablement son sens, nous avons besoin de savoir comment la personne qui affirme cela a l'intention de s'y prendre et quels sont les résultats précis qu'elle souhaite obtenir. Une réponse chiffrée, un ordre de grandeur par exemple, sont des réponses valides au sens où nous avons besoin d'une base de discussion concrète.

Lorsque nous rencontrons des termes trop vagues pour que nous puissions avoir une idée claire de ce qu'ils signifient pour notre interlocuteur, nous posons alors des questions de ce type :

Les questions d'objectif

– Que voulez-vous ?
– Comment saurez-vous que vous l'avez ?
– Comment un autre le saurait-il ?
– Qu'est-ce qui vous empêche de l'avoir ?
– Que se passerait-il si vous l'aviez ?
– Quand le voulez-vous ?
– Que pourriez-vous perdre en l'obtenant ?

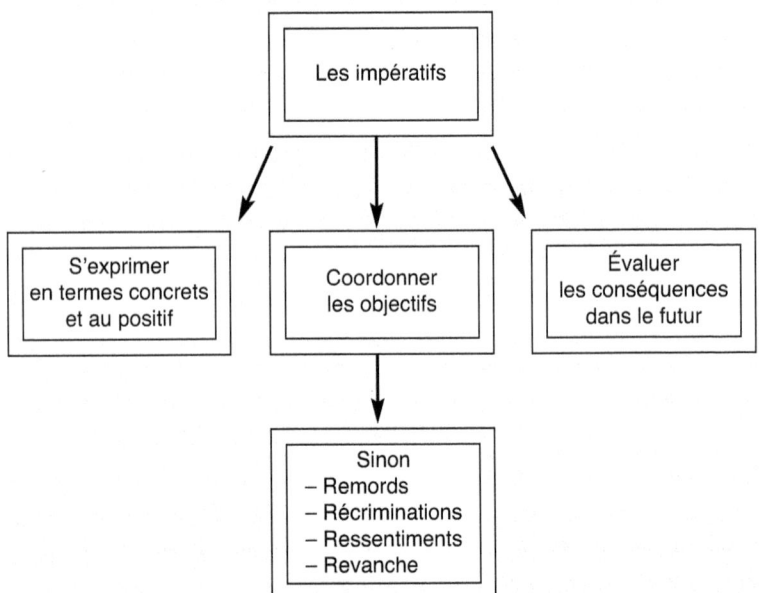

Les impératifs

S'exprimer
en termes concrets
et au positif

Coordonner
les objectifs

Évaluer
les conséquences
dans le futur

Sinon
– Remords
– Récriminations
– Ressentiments
– Revanche

– C'est ma timidité qui m'empêche d'atteindre mon objectif.

– Comment votre timidité agit-elle précisément pour vous empêcher d'atteindre votre objectif ?

Ou encore pour parodier Jacques Chancel :

– Je veux prendre des responsabilités dans mon travail.

– Les responsabilités, pour vous, qu'est-ce que c'est ?

Vous remarquerez que toutes les questions proposées ici sont des questions ouvertes, c'est-à-dire qu'elles appellent des réponses différentes du oui ou du non ; leur utilisation est importante car vous avez besoin d'informations. Ceci concerne particulièrement le domaine de la vente, où une des qualités du vendeur consiste à savoir faire parler son client afin de mieux cerner son objectif et ainsi éviter des erreurs.

Pour revenir aux objectifs, un autre point essentiel reste celui qui nous amène à les coordonner.

Ceci fera l'objet d'un passage approfondi quand nous aborderons les techniques de négociation. Il n'est reste pas moins qu'une communication efficace requiert des objectifs communs entre ses partenaires.

La grande menace pour les manipulateurs, c'est-à-dire ceux qui ne tiennent pas compte des objectifs de leurs partenaires, ce sont les « quatre dragons » :

– Le Remords, en particulier celui de l'acheteur qui s'est laissé séduire par un vendeur peu soucieux de connaître l'objectif de son client, il a l'impression de s'être fait avoir, et en général cela ne marche pas deux fois.

– Les Récriminations suivent le remords en toute logique car l'acheteur fait part à son entourage de son expérience, contribuant en cela à forger des généralisations du type « tous les vendeurs de X sont malhonnêtes ! ».

– Le Ressentiment accompagne les récriminations.

– L'esprit de Revanche enfin se fait jour et laisse présumer des lendemains peu favorables pour le manipuleur !

Après ce que nous avons dit à propos des objectifs à des questions de base, rappelons simplement les conditions essentielles :

– obtenir de l'interlocuteur qu'il formule son objectif au positif ;

– en termes concrets ;

– coordonner les objectifs.

Les deux dernières questions de base sont en rapport avec le temps, en effet, nous ne serions pas efficaces si nous omettions de situer notre action dans le temps, il est de la plus grande importance au cours d'un entretien quel que soit son but de parler en terme de temps pour :

– définir des objectifs à court, à moyen et long terme ;

– coordonner les objectifs dans le temps ;

– définir en projetant au futur de nouvelles étapes.

Par exemple :

– Comment voyez-vous l'évolution de votre carrière dans 5 ans ?

– Pouvez-vous m'accorder un nouveau rendez-vous dans 1 mois ?

– Dans 2 ans nous serons concurrents, pourquoi ne pas nous associer aujourd'hui ?

2 - Les universels de modelage de l'expérience

Les différences entre les cartes de la réalité particulières à chacun d'entre nous proviennent de plusieurs sources. Schématiquement, notre représentation du monde se construit selon nos possibilités de perception, nos conditions socioculturelles et notre histoire personnelle.

Il ne viendrait pas à l'idée de contester qu'il existe de grandes différences interindividuelles au niveau de l'acuité sensorielle, c'est d'ailleurs une contrainte donnée sur laquelle nous ne pouvons pas agir, qui plus est, nous sommes conscients de nos limites en ce domaine puisqu'il existe des sons et des couleurs que l'être humain ne peut percevoir.

Nous ne tenons cependant pas toujours compte de ceci. Vous êtes-vous demandé à quoi pouvait bien ressembler le monde vu par les yeux d'un enfant de cinq ans ? Mieux vaut souvent « ne pas discuter des goûts ou des couleurs » tant il est vrai que nous avons bien du mal à admettre parfois que les autres ne voient ni n'entendent les mêmes choses que nous.

Ce sont ces différences qui sont à la base de la construction de nos cartes de la réalité ou représentation du monde. Viennent ensuite les contraintes socioculturelles qui se manifestent au niveau des comportements mais aussi à celui du langage, ces contraintes pénètrent d'ailleurs les précédentes et pour illustrer ceci, l'exemple est souvent cité de peuples qui ne possèdent que trois mots pour désigner l'ensemble des couleurs alors que les esquimaux en utiliseraient une quarantaine seulement pour décrire la neige ; au fait, que perçoivent-ils ?

C'est l'observation de l'usage du langage qui pourra apporter d'autres renseignements à propos de la carte de la réalité ainsi traduite, nous y reviendrons plus loin en détail. Il n'en reste pas moins que ces contraintes culturelles peuvent être dépassées au moins en partie. Il est en effet possible d'apprendre une autre langue par exemple ou de s'adapter à une culture différente de celle dans laquelle nous avons évolué initialement. Notre approche de la communication se base d'ailleurs sur cette possibilité d'adaptation, mais nous considérons ici que le meilleur moyen de comprendre la représentation du monde qu'utilisent nos partenaires de communication, c'est tout simplement de la trouver en nous-mêmes au lieu d'imaginer ce qu'elle pourrait être. À l'évidence, cette démarche exige de la part du communicant une grande souplesse à la fois au plan de la pensée et du comportement. Les techniques que nous étudierons par la suite sont destinées à en donner les moyens.

L'autre représente un monde en lui-même, et nous allons essayer de le découvrir comme nous le ferions d'un pays connu. Nous avons vu que cet univers se trouvait codé sur une carte que dessinaient les contraintes sensorielles et culturelles, le dernier trait est donné par l'histoire personnelle de l'individu, dont on ne peut contester qu'elle lui est aussi originale que le sont ses empreintes digitales.

Reconnaître qu'il existe des différences entre les modèles de la réalité n'est qu'une étape. Elle est cependant fondamentale car, si l'on admet ce point départ, il devient possible alors de s'interroger sur les processus qui conduisent à ces différenciations et de reconnaître ainsi l'existence de phénomènes de modelage de la réalité puisque des expériences similaires se trouvent vécues et codées différemment sur les cartes individuelles.

Richard Bandler et John Grinder [2] se basent sur les travaux du linguiste Noam Chomsky pour définir les trois universels de modelage de l'expérience que sont **la généralisation, l'omission et la distorsion**.

La généralisation est un processus qui amène un élément ou une partie du modèle de la personne à prendre la place d'une catégorie entière dans laquelle cet élément ne devient plus qu'un exemple. La généralisation peut aussi bien amener à des affirmations telles que « toutes les Anglaises sont rousses », qu'à de sérieuses économies si l'on considère que grâce à elle, nous n'avons pas besoin d'apprendre deux fois que la flamme brûle !

L'omission, elle, survient lorsqu'un élément ou une partie de la carte de la réalité se trouvent carrément passés sous silence. C'est le processus qui conduit à ignorer certaines dimensions de la perception ou de l'expérience au détriment d'autres que nous considérons comme plus valides ou moins dangereuses pour notre possibilité d'appréhender le monde extérieur ; grâce à l'omission, nous le réduisons à des proportions que nous nous sentons en mesure d'accepter. L'omission cependant est nécessaire à la concentration, elle permet aussi d'élaguer les éléments superflus d'une explication ou d'une démonstration.

La distorsion pour sa part, nous permet d'opérer des substitutions de données sensorielles dans notre expérience. Lorsque nous imaginons les résultats

---

2. *The Structure of Magic*.

d'un travail par exemple, nous faisons une distorsion. De même lorsque nous affirmons pour nous-mêmes ou pour les autres, et ce sans vérifier qu'untel est en colère, dans ce cas-là, nous nous imaginons avec ce comportement et nous en déduisons que nous serions en colère si nous agissions ainsi, nous devinons alors qu'il en est de même pour l'autre.

La distorsion est, cependant, l'outil privilégié de l'invention, de la création artistique ou d'une autre nature, elle est nécessaire pour extrapoler une réalisation à partir de données.

Ces trois phénomènes de modelage de la réalité présentent des avantages et bien entendu des inconvénients en ce sens qu'ils déterminent les limites de notre carte de la réalité entravant de façon considérable nos possibilités de choix, c'est-à-dire notre souplesse comportementale ou notre sens de l'adaptation.

Il est important de comprendre que ces trois universels sont étroitement imbriqués. Une personne qui dit : « personne ne peut me comprendre », par exemple, parvient la plupart du temps à cette affirmation après avoir eu un sentiment de rejet, peut-être même une seule fois dans sa vie face à quelqu'un de qui elle souhaitait se faire comprendre. Si elle choisit de généraliser cette expérience, elle finira par omettre de recevoir consciemment les signes qui pourraient lui prouver que les autres la comprennent, puis par anticiper les sentiments négatifs que les inconnus sont censés avoir à son égard puisque personne ne peut la comprendre. Ainsi, cette affirmation on ne peut plus banale montre une expérience qui a été généralisée, et a conduit à des omissions et à des distorsions.

Une situation peut apparaître de prime abord complètement bloquée par l'action des universels de modelage que sont l'omission, la généralisation et la distorsion. Il sera donc essentiel d'apprendre à reconnaître où se trouvent les limites de la carte de la réalité pour ensuite permettre à notre interlocuteur de trouver de nouvelles options qui débloqueront le problème.

Les techniques spécifiques à la négociation seront exposées par la suite, pour l'instant, nous allons présenter celles qui permettent de trouver les limites du territoire de nos partenaires en communication.

3 - Le métamodèle pour le langage

Ce sont Richard Bandler et John Grinder qui ont mis au point le métamodèle pour le langage. Celui-ci se compose d'un ensemble de techniques destinées à mettre en évidence l'action de limitation des universels de modelage au niveau du langage verbal, car ce dernier constitue un des principaux outils de communication de l'expérience et reflète les zones d'ombre qui existent dans notre façon de représenter la réalité. Dans le livre de Bandler et Grinder *The Structure of Magic* l'exposé du métamodèle occupe une place volumineuse ; d'autres chercheurs cependant utilisent dans leur enseignement une présentation beaucoup plus réduite puisqu'elle ne comporte que cinq points clés.

Ici, nous donnerons un aperçu du métamodèle plus succinct que celui proposé dans *The Structure of Magic* sans pour autant nous limiter aux cinq points clés dont vous trouverez le schéma dans les pages suivantes et qui constituent cependant un assez bon outil mnémotechnique.

Tout d'abord rappelons que cette méthode issue des travaux de Noam Chomsky (grammaire générative) et Alfred Korszybsky (sémantique générale) part du principe de l'existence de deux niveaux linguistiques :

La structure superficielle du langage qui comprend les énoncés qui nous servent à communiquer avec les autres et ceux de notre dialogue intérieur, et la structure profonde du langage qui est la représentation linguistique complète de l'expérience à laquelle elle se réfère.

Si je dis « Martin a acheté une voiture », c'est une structure superficielle, la structure profonde correspondante pourrait être « Martin a acheté à quelqu'un, tel jour, à tel endroit, une voiture de telle sorte contre une certaine somme d'argent ». La structure profonde comprendrait donc les éléments linguistiques représentant l'expérience, pas forcément tous d'ailleurs car les universaux de modelage sont intervenus une première fois entre l'expérience et cette structure profonde du langage, et une seconde fois entre cette dernière et la structure superficielle.

Le travail du psychothérapeute consiste à explorer les limites de la représentation de la réalité de son client, et à les élargir pour augmenter ses possibilités de choix ; pour ce faire, il aide le client à reconnaître les obstacles qu'il se donne et ce travail s'effectue aux deux niveaux linguistiques jusqu'à ce que le client puisse se reconnecter à son expérience.

Le travail d'un négociateur n'ira bien sûr pas jusque-là, mais le principe reste le même puisqu'il va s'agir de trouver et d'éclaircir les zones d'ombres ou les lacunes de la carte de la réalité à laquelle se réfèrent ses partenaires dans la communication. Comme les omissions, les généralisations, les distorsions sont omniprésentes dans nos structures superficielles et dans celles de nos interlocuteurs, la difficulté sera de choisir ce qui doit être élucidé et ce qui ne doit pas l'être.

À ce point interviennent les techniques d'acuité sensorielle et d'observation du langage non verbal qui seront présentées dans les chapitres suivants. Passons maintenant au métamodèle.

4 - Les omissions

L'omission est un phénomène de modelage de l'expérience qui nous permet d'ignorer certaines informations au détriment d'autres, c'est le principe même du choix, de la sélection des informations ; répétons-le : elle est quasiment présente dans toutes les phrases que nous prononçons.

Les omissions simples, liées au verbe

Ce sont de loin les plus fréquentes car les verbes sont toujours plus ou moins précis : ici la marche à suivre lorsque vous entendez une phrase telle que « cette nouvelle m'a surpris », par exemple, est d'essayer d'imaginer une représentation de cela. Vous pouvez voir la personne qui se dit surprise, mais tout ce que vous mettrez autour sera le fruit de votre imagination, parce qu'en fait, elle ne vous a pas dit comment elle a été surprise.

Que faire pour obtenir l'information ? Sans doute êtes-vous tenté de demander « pourquoi vous a-t-elle surpris ? ». Faites-en l'expérience et essayez de construire une image claire d'une réponse plausible telle que « cette nouvelle m'a surpris car elle était vraiment inattendue ». Vous venez d'obtenir une deuxième omission liée cette fois au verbe de la seconde proposition !

Si vous demandez à la place « comment précisément vous a-t-elle surpris ? » vous risquez d'obtenir des informations de meilleure qualité que les précédentes et qui vous éclaireront sur l'action mise en jeu par le verbe surprendre.

Exemples

– Les routes sont dangereuses l'hiver.
– Pour qui en particulier ?

– Je vais préparer ce rapport.
– Comment précisément allez-vous le préparer ?
– Martine m'a fait plaisir.
– Comment précisément vous a-t-elle fait plaisir ?

Les omissions simples par comparaison

Dans ce cas, nous partons de l'évidence qu'il faut au moins deux éléments si l'on veut faire des comparaisons, or, nous rencontrons fréquemment des phrases telles que : « Ce serait mieux pour vous de travailler à mi-temps », ou bien « Jane est la plus belle, si vous faites cela, ce sera pire », etc. Dans toutes ces phrases, il manque l'autre élément de la comparaison. Dans le cas de l'utilisation d'un superlatif (le plus, le moins, le pire, le meilleur, etc.) ce qui manque c'est l'ensemble auquel se réfère l'affirmation, si je dis « Jane est la plus belle » j'omets de préciser par rapport à quelle référence.

La publicité fait un grand usage des omissions par comparaison dans des messages tels que chez Untel, c'est moins cher, ou encore X lave plus blanc, etc.

Dans ce cas, si vous voulez obtenir l'information manquante, vous devez poser des questions du type comparé à quoi ou par rapport à quoi.

Exemples

– J'ai payé ces pommes moins cher.
– Moins cher comparé à quoi ?

– C'est mieux pour vous !
– Mieux que quoi ?

– Je vends les plus belles oranges !
– Les plus belles par rapport à quoi ?

Ces omissions sont si fréquentes qu'elles ne nous apparaissent pas toujours en première écoute car nous avons tendance à accepter tels quels les messages, néanmoins, il est essentiel de les contester par des questions qui vont permettre d'éclaircir les limites de la carte de la réalité dans laquelle elles se placent.

Les omissions complexes que nous allons envisager maintenant sont sans doute encore plus insidieuses en ce sens que nous les admettons trop souvent d'emblée.

Opérateurs modaux de nécessité et de possibilité

Ce terme linguistique désigne des mots et expressions (en d'autres termes l'utilisation des verbes : devoir, vouloir, falloir et pouvoir) tels que : il faut, ou encore c'est nécessaire, ou encore le verbe devoir dans des phrases telles que je dois, vous devriez... etc. Les opérateurs modaux de possibilité quant à eux désignent des expressions telles que : c'est impossible, je ne peux pas, on n'est pas capable de... etc.

Ces expressions introduisent une affirmation qui indique une limite ou une impossibilité, elles ne donnent cependant aucune information quant à la façon dont cette limite fonctionne.

Une phrase telle que : « Je ne peux pas discuter avec mes voisins », indique clairement une impossibilité, mais ne donne aucune indication qui puisse éclairer la situation. Il vient le plus souvent à l'esprit de poser la question : « Pourquoi ? ». Si nous le faisons nous allons certainement obtenir des réponses qui nous indiqueront les raisons que donne la personne qui parle pour justifier son affirmation : « Je ne peux pas discuter avec mes voisins parce qu'ils sont trop méfiants. »

Arrivé à ce point vous pouvez vous contenter de cette réponse ou contester en demandant : « Comment savez-vous qu'ils sont méfiants ? »

La personne peut alors vous donner des informations pertinentes à propos de la façon dont elle a pu étiqueter ses voisins comme étant des gens méfiants, elle décrira probablement les comportements qu'elle aura observés et qui l'auront conduite à ce jugement.

Une autre démarche plus simple puisqu'elle supprime une étape consiste à essayer de connaître l'élément manquant à la phrase : « Je ne peux pas discuter avec mes voisins. »

La réflexion est fort simple, lorsqu'une action est impossible c'est qu'il existe un obstacle à sa réalisation, quelque chose qui bloque, qui gêne ou qui empêche son auteur d'agir, or, dans les affirmations qui comportent un opérateur modal de possibilité, l'élément d'information qui précisément manque c'est celui qui pourrait montrer quel est l'obstacle. Ainsi, l'un des moyens les plus directs d'élargir l'information consiste à demander par exemple :

– Je ne peux pas discuter avec mes voisins.

– Qu'est-ce qui vous empêche de le faire ?

La personne peut bien sûr choisir de répondre ou non, mais en posant cette question, vous l'avez amenée à prendre conscience du processus qui la conduit à son comportement en même temps que de la limite de celui-ci.

Les opérateurs modaux de nécessité agissent d'une manière légèrement différente. Si nous prenons par exemple la phrase : Il ne faut pas prendre d'auto-stoppeurs, nous avons bien entendu le choix d'accepter cette affirmation comme valide dans notre représentation personnelle de la réalité, si, au contraire, nous ne sommes pas d'accord avec ce qu'elle affirme, nous avons encore plusieurs options pour contester ou chercher des informations plus précises.

Si, comme dans l'exemple précédent, vous posez la question :

– Pourquoi ne faut-il pas prendre d'auto-stoppeurs ?

Votre interlocuteur peut vous répondre :

– Parce que cela peut être dangereux.

À présent il va vous falloir chercher à savoir comment et pour qui ces auto-stoppeurs peuvent être dangereux, cela demande du temps et ne vous assure pas forcément d'une information pertinente. Mais, cette démarche n'est pas systématiquement à exclure car, elle permet de faire un détour avant d'arriver à poser des questions directes.

Cependant, si vous considérez l'affirmation, vous pouvez avoir conscience qu'il lui manque quelque chose pour être précise, ce quelque chose c'est tout simplement la conséquence qui suivrait sa transgression.

Si vous saviez à quoi vous vous exposez en transgressant cette loi, vous disposeriez alors d'une information de valeur. La simple question :

– Que se passerait-il si je prenais des auto-stoppeurs ? peut permettre à votre interlocuteur de vous décrire les menaces et les conséquences de la désobéissance à la règle qu'il vient d'énoncer.

Dans un autre exemple :

– Il faut aider les auto-stoppeurs.

La question qui contesterait l'affirmation et permettrait d'éclaircir les limites de votre interlocuteur serait :

– Que se passerait-il si je ne les aidais pas ? ou encore,

– Qu'arriverait-il si vous ne les aidiez pas ?

Une autre forme de question en raccourci consiste à ajouter :

– Parce que sinon ?...

Les opérateurs modaux de nécessité et de possibilité représentent des limites de notre carte de la réalité, ils servent à prononcer des lois, si nous pouvons admettre la valeur de certaines, d'autres au contraire peuvent nuire à notre développement et à notre épanouissement. Nous insisterons particulièrement sur ce point, et incitons le lecteur à écouter attentivement autour de lui afin de repérer ces mots clés, en effet, il précèdent toujours l'énoncé d'une croyance, d'une valeur ou d'un critère personnel à l'interlocuteur et dont il sera de la plus grande importance de tenir compte au cours de la communication.

Tenir compte des critères de la personne signifie aussi éviter de les contester, tout dépend de l'objectif de la communication, car s'il peut être de la plus grande utilité dans certains contextes de remettre en question une valeur qui inhibe la personne dans son développement, cela peut être extrêmement maladroit dans une négociation, c'est dire qu'il faudra soigneusement choisir le matériel à contester, en se basant à la fois sur la forme et le contenu, sur les messages verbaux et non verbaux exprimés par le partenaire.

Un autre point important à souligner, à retenir et à mettre en application c'est que cette analyse des mots clés concerne au premier abord les phrases que vous prononcez, soit pour vous-même dans votre dialogue intérieur, soit pour communiquer avec les autres. À la fin de cette présentation du métamodèle pour le langage, nous donnerons le schéma mnémotechnique des cinq points clés qui permet de cibler les mots clés les plus importants à contester dans le langage courant.

5 - Les généralisations

Généraliser c'est faire une constante d'un cas particulier, une loi d'une seule expérience, et, comme nous l'avons dit plus haut, cela peut être à la fois très utile et très contraignant. Au niveau du langage, le phénomène de généralisation se révèle par l'utilisation de certains mots et expressions dont nous allons maintenant donner un aperçu.

Les mots sans index référentiel

L'index référentiel peut être compris comme la classe ou la catégorie dans laquelle se place le nom. Il nous arrive cependant très souvent pour parler de notre propre expérience de nous servir de mots tels que on, ils, les gens. Lorsque nous utilisons ces mots, peut-être avons-nous l'idée sous-jacente qu'ils représentent notre réalité, mais pas forcément, et la plupart du temps, il peut nous paraître plus convaincant d'affirmer quelque chose comme si cette affirmation n'était pas directement issue de notre pensée ou de notre expérience mais partagée par le plus grand nombre d'individus.

Si nous prenons l'exemple :

– On n'a pas voulu me laisser parler

Nous pouvons comme toujours choisir de ne pas le contester, de ne pas chercher à en savoir plus, mais, si nous voulons approfondir, nous devons avoir plus d'information. Dans cette phrase, la zone d'ombre est liée à ce mot d'un usage si fréquent en français *on* ; ce qui nous reste donc à faire, c'est de poser une question qui permette d'éclaircir les choses, dans ce cas nous demandons :

– Qui précisément n'a pas voulu vous laisser parler ?

Dans les cas où la personne utilise le *on* comme paravent de ses opinions :

– L'hiver, on a besoin de vacances

Vous pouvez vérifier cette supposition en demandant :

– Vous avez besoin de vacances ?

Ici, comme dans le cas des omissions, il s'agit d'agir avec discernement ; quand, à propos d'une banalité, vous relevez l'usage d'un mot sans index référentiel tel que *on* dans l'exemple ci-dessus, votre interlocuteur ne risque probablement pas de s'en offusquer tant cela lui paraît évident qu'il utilise ce pronom au lieu de parler en son nom, mais il en va tout autrement lorsque votre interlocuteur énonce des opinions plus personnelles qu'il peut craindre de dévoiler comme siennes un peu trop ouvertement (on sait ce que vaut M. Untel par exemple).

D'autres mots sont également à observer dans les phrases que vous prononcez et que prononcent vos interlocuteurs. Au cours de séminaires d'enseignement, les étudiants sont incités à vérifier les noms qui apparaissent au cours de la conversation, mon conseil ici, est de limiter cette vérification aux noms qui désignent des catégories d'objets ou de personnes.

– Les chats n'aiment pas l'eau – cette affirmation est peut être vraie pour votre chat et pour celui de vos voisins mais il existe des exceptions à cette règle, certains chats peuvent aimer l'eau, par conséquent rien ne vous oblige à accepter la phrase, et vous pouvez la contester en demandant, les chats que vous connaissez ? ou encore, votre chat ? ou bien encore tous les chats ? cette dernière forme se rattachant davantage comme nous allons le montrer à la remise en question des quantifieurs universels.

Les quantifieurs universels

Ce sont des mots et expressions qui introduisent une surgénéralisation, tels que : tout, tout le monde, personne, chacun, nul, jamais, toujours, chaque fois, tout le temps, etc. Lorsque la personne utilise ces mots, tout se passe comme si elle énonçait une loi universelle, par exemple personne ne me comprend. Ici, il s'agit si l'on veut mettre en doute l'affirmation, de trouver une ou plusieurs exceptions à cette loi, ces exceptions qui existent d'ailleurs dans la réalité de la personne mais qui se trouvent masquées par le phénomène de généralisation. La façon la plus simple et la plus directe consiste à reprendre le terme utilisé en le disant d'une façon interrogative c'est-à-dire en élevant légèrement l'intonation à la fin du mot, dans l'exemple précédent : personne ?

Dans certains cas, il peut être habile d'ajouter encore à la généralisation proposée ;

– Personne ne me comprend.

– Si je vous comprends bien, à aucun moment de votre existence il ne se trouve quelqu'un qui vous comprenne ?

À ce moment, la généralisation initiale se trouve quelque peu caricaturée parce qu'exagérée et la personne voudra vous contredire en trouvant dans son expérience un exemple qui y fait exception ; et qui bien entendu viendra s'il est formulé, s'inscrire en faux par rapport à la première affirmation. Par exemple :

– Non, ce n'est pas exactement cela, je veux dire que maintenant, j'ai l'impression que personne ne me comprend.

Vous devez prêter une oreille attentive aux mots et expressions qui énoncent une généralité et, devant la règle proposée, si elle vous paraît arbitraire, amener votre interlocuteur à en trouver lui-même une exception, un exemple contradictoire. La démarche la plus simple, et aussi la plus efficace consiste à reprendre le quantifieur universel (jamais, toujours, personne, tout le monde, aucun, etc.) sur un ton interrogatif ; une autre technique consiste à exagérer l'affirmation en y ajoutant un autre quantifieur universel ou encore le mot *vraiment*.

Bien entendu, vous n'êtes jamais obligé de remettre en question les lois personnelles de votre interlocuteur ; de plus, cette contestation présente le risque d'amener la personne près des limites de sa carte de la réalité, ce qui peut parfois faire surgir des réactions d'agressivité ou de fuite, ce qui revient à peu près au même d'ailleurs, l'une remplaçant l'autre. La prudence s'impose donc, d'autant qu'il existe presque toujours un moyen de présenter vos questions avec tact et respect de l'interlocuteur. La meilleure façon d'apprendre c'est de vous poser ces questions à vous-même. Commencez par relever les quantifieurs universels que vous utilisez dans votre dialogue intérieur ou dans vos conversations avec les autres ; puis posez-vous les questions qui vous amèneront à savoir s'il existe des exceptions ou des expériences contradictoires aux lois que vous avez énoncées dans votre discours... et que les autres ont peut-être acceptées sans crier gare !

Une autre forme très courante de généralisation est ce que les Américains appellent les **lost performatives**. Il faut ici pour comprendre le mécanisme revenir à cette locution qui décrit la disparition (lost) de l'agent responsable (performative) de l'affirmation. En français, je traduis par affirmations péremptoires ce qui n'est pas tout à fait exact, car cela ne rend pas l'idée d'un responsable initial qui aurait disparu pour faire place à quelque chose d'indéfini et d'universel qui se retrouve sujet de l'affirmation. La phrase ;

– C'est mal de ne pas tenir compte des autres – peut être considérée comme une affirmation péremptoire, en effet, elle ne nous renseigne en aucune façon sur son auteur mais au contraire nous propose son contenu comme une vérité incontestable. Une phrase telle que : – Je trouve que c'est mal de ne pas tenir compte des autres – donne une tout autre idée, son auteur énonce clairement son opinion, parle en son nom et ne se dissimule derrière aucun paravent.

Ce type d'affirmation ne nécessite pas obligatoirement une contestation, cependant son identification demeure intéressante, elle vous renseigne en effet sur la nature des croyances de votre partenaire ; et dans ce domaine, vous n'avez pas à intervenir sauf pour faire part des vôtres si l'on vous le demande ! Par la suite, nous insisterons beaucoup sur l'importance des systèmes de croyances, de valeurs et sur les critères de votre interlocuteur. Cela vous sera extrêmement précieux de savoir en quelques phrases les identifier et les reconnaître, car vous n'aurez de champ d'action qu'à l'intérieur des limites constituées par ceux-ci dans la représentation du monde qu'utilise la personne à cet instant.

6 - Les distorsions

Elles représentent la troisième forme des universels de modelage de l'expérience et constituent une partie essentielle du métamodèle pour le langage. Rappelons brièvement que la distorsion effectue des substitutions de données dans notre expérience, elle est la clé de la créativité, de la faculté d'inventer ou plus exactement de donner un ordre différent ou d'imaginer un nouvel agencement à des concepts, des idées ou des objets. Cependant, la distorsion génère aussi de gros handicaps lorsqu'elle prend la forme de présuppositions, de relations de cause à effet arbitraires, d'interprétations ou d'anticipations hasardeuses. Ce sont ces derniers points qui nous intéressent pour l'instant et que nous allons éclaircir au moyen d'exemples qui vous permettront de détecter les zones d'ombre produites par les distorsions au niveau de votre représentation de la réalité et de celle de vos interlocuteurs.

Les nominalisations

La nominalisation est un phénomène linguistique qui transforme un processus en un événement (aimer et amour par exemple). Or, s'il est toujours possible d'agir sur quelque chose de dynamique, c'est loin d'être le cas lorsque vous avez affaire à quelque chose de statique qui par définition n'évolue ni ne bouge. Donc, il va falloir, si nous voulons conduire la personne vers un objectif, dégeler ce qui freine sa dynamique et se manifeste dans le langage dans les nominalisations.

Il existe un moyen pratique de détecter les nominalisations : lorsque vous rencontrez des mots abstraits ou dont vous ne parvenez pas à vous faire une idée ou une image claire, essayez de placer ce qu'ils sont supposés décrire dans une brouette imaginaire. Vous pourrez facilement placer un individu qui se sent libre dans une brouette, essayez d'en faire autant avec la liberté...

Les nominalisations sont la plupart du temps des mots abstraits (amour, liberté, décision, bonheur, créativité, imagination, richesse, pauvreté, espoir, etc.), et de ce fait leur signification varie sensiblement selon les utilisateurs ; je n'ai probablement pas les mêmes critères que les vôtres pour définir le bonheur, et cela vous ne pouvez le savoir qu'en le vérifiant, c'est-à-dire en essayant de savoir de quoi se compose dans ma carte de la réalité le fait d'être heureuse. C'est la raison pour laquelle, je vous incite, lorsque vous en percevez la nécessité, à vous informer de ce que la personne place sous le terme qu'elle utilise et qui revêt la forme d'une nominalisation. L'objectif à atteindre ici c'est d'arriver à ce que la personne puisse passer d'une formulation figée et abstraite à une expression dynamique, concrète, basée sur des termes sensoriels.

Par exemple :

– Je veux obtenir une amélioration de mes conditions de travail.

– Comment voudriez-vous les voir améliorer ?

– Bien, il me faudrait d'abord plus de place, un bureau mieux éclairé, du matériel en bon état...

Notez la différence entre une amélioration et les éléments précis qui prouveraient à la personne que ses conditions de travail sont améliorées.

La marche à suivre pour éclaircir les nominalisations, requiert d'abord de les reconnaître (test de la brouette imaginaire), puis de poser une question qui reprenne le terme sous sa forme dynamique (verbe) afin de déterminer les composants de l'expérience que la personne a décrite en premier lieu de façon abstraite et figée.

D'une façon générale, plus la communication s'épure de ses ambiguïtés et plus elle a de chances d'aboutir à un résultat positif ; c'est pourquoi, vous ne pouvez vous servir des abstractions qu'utilise votre partenaire qu'à condition de vous être auparavant bien mis d'accord sur leur signification.

La divination

Si vous écoutez attentivement autour de vous, vous prendrez rapidement conscience que beaucoup de gens se prennent pour des devins et peut-être faites-vous aussi partie de ceux-ci sans le savoir. Ce que nous appelons *divination* en P.N.L. (le terme anglais étant mind reading) c'est ce phénomène qui amène des personnes à faire comme si elles savaient ce que les autres pensent ou croient. Je ne dis pas que ce soit impossible, la seule chose que je voudrais savoir c'est comment elles s'y prennent :

– Hum, je sais ce que vous pensez.

– Ah oui... comment faites-vous ?

Ou encore

– Je sais d'avance ce qu'il va dire quand il rentrera.

Ou bien

– Je suis sûr qu'elle a apprécié la soirée.

Ou

– Cela lui fera plaisir.

Ou

– Il me fait la tête.

Dans tous ces exemples, il n'y a aucune indication à propos de la façon dont la personne pourrait prouver ce qu'elle affirme, ou même faire savoir à son interlocuteur comment elle peut le dire.

Cette sorte de divination est si fréquente qu'elle passe souvent inaperçue, cependant, elle peut, si nous la pratiquons nous conduire à bien des erreurs de jugement. En effet, nous avons souvent tendance à croire que les autres réagissent comme nous le ferions à leur place ; c'est pourquoi, nous offrons des cadeaux que nous aimerions recevoir, nous interprétons des gestes ou des comportements comme s'ils venaient de nous sans vérifier auprès de l'intéressé si nous en avons compris le sens.

Des verbes comme : penser, croire, avoir conscience, ressentir, estimer, juger, etc., amènent souvent des divinations, c'est pourquoi ils doivent retenir votre attention lorsque vous les entendez ou que vous les utilisez : « il doit penser que je lui prends trop de temps » (question : oui, c'est possible, mais comment le savez-vous ?).

La divination peut très bien conduire à adopter des comportements en fonction de ce que l'on croit, de ce que l'on imagine ou pense au lieu d'agir selon les messages qu'offre la personne avec laquelle on communique. C'est prendre un risque que de se fier ainsi à une interprétation hâtive et non véri-fiée, car tel ou tel comportement ne signifie pas forcément la même chose chez deux personnes différentes.

Lorsque quelqu'un affirme :

– Quand je rencontre un nouveau client, je sais tout de suite à qui j'ai affaire – vous pouvez légitimement lui demander comment il s'y prend. Dans ce genre de cas, les devins vous répondront généralement que c'est leur talent ou leur intuition, voire leur don qui leur permet cela et qu'ils ne peu-vent l'expliquer. Ce qui est vrai dans ces réponses, c'est effectivement que les gens sont rarement capables de vous expliquer comment ils font pour exercer un talent particulier, il n'en demeure pas moins qu'ils mettent en œuvre une stratégie spécifique pour être efficaces, et c'est justement l'ob-jectif de la P.N.L. que de chercher à connaître ce comment.

Je conseille la plus grande méfiance à l'égard des jugements hâtifs qui sont généralement fondés sur l'observation d'un, ou au mieux, de deux détails, et dont l'expression au niveau du langage est la divination. Lorsque vous rencontrez ce style d'affirmation, vous n'êtes pas tenu d'approfondir sauf au cas où cette quête pourrait apporter des informations utiles à votre objectif (approfondir les objections d'un client par exemple).

Les relations de cause à effet

Au chapitre des distorsions, nous devons évoquer l'usage abusif des rela-tions de cause à effet qui provoque bien des malentendus et bien des pro-blèmes dans la communication.

Établir une relation de cause à effet rassure et réconforte, mais cela s'avère presque toujours inexact car un effet n'a rarement qu'une seule cause.

Or réduire les explications à un seul élément construit une limite aux options qui pourraient exister si seulement nous pouvions éviter de nous faire piéger dans les relations de cause à effet. Par ailleurs, il est très difficile d'admettre ou de faire admettre que nous avons une grande part de responsabi-lité dans ce qui nous arrive tant il est bien plus facile de croire que cela se produit grâce ou à cause de quelque chose ou de quelqu'un.

Ainsi, l'une des façons de vérifier que votre interlocuteur est bien coincé dans une relation de cause à effet, consiste à retourner son affirmation de la manière suivante :

– Je partirais bien en vacances, mais je n'ai pas de voiture.

– Donc, si vous aviez une voiture, vous pourriez partir en vacances ?

Lorsque vous proposerez cette phrase, vous n'avez apparemment pas changé le contenu de l'affirmation, cependant, en modifiant sa forme vous allez obtenir deux choses au moins. La première, c'est de vérifier l'existence de la cause à effet, la seconde, c'est d'ouvrir la porte à la contestation de celle-ci. En effet, entendue sous une forme différente, la personne peut très bien mettre elle-même en question son affirmation :

– À vrai dire, pas exactement, mais j'aimerais bien partir en vacances avec une voiture.

À partir de là, la discussion est ouverte, si vous avez choisi de convaincre la personne qu'une voiture n'est pas indispensable pour partir en vacances, vous pouvez commencer à avancer vos arguments, car l'élément qui bloquait (cause à effet) est en train de vaciller.

Il existe d'autres techniques pour ébranler les relations de cause à effet, elles consistent schématiquement à éviter, à donner des contre-exemples ou à déplacer. Nous en parlerons plus longuement à propos des techniques de négociations où leur usage en est plus spécifique. (Voir le menu d'influence).

Pour l'instant, dans les situations où vous détectez des relations de cause à effet qui vous paraissent contraignantes ou contestables, contentez-vous de vérifier leur existence et/ou leur validité en les retournant selon la technique présentée dans l'exemple ci-dessus.

Après cette présentation du métamodèle pour le langage, voici le modèle mnémotechnique de Laborde, Grinder et Hill. Il consiste à ne relever que cinq types de mots clés et à poser les questions correspondantes.

7 - Les points clés du langage

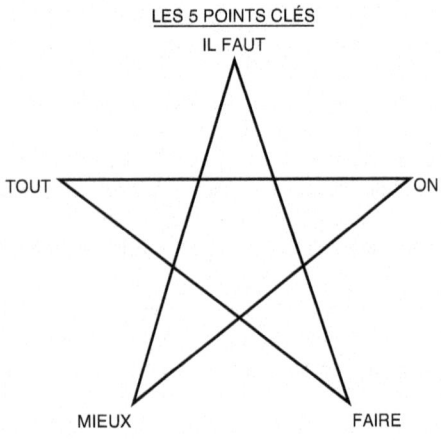

LES 5 POINTS CLÉS
IL FAUT
TOUT
ON
MIEUX
FAIRE

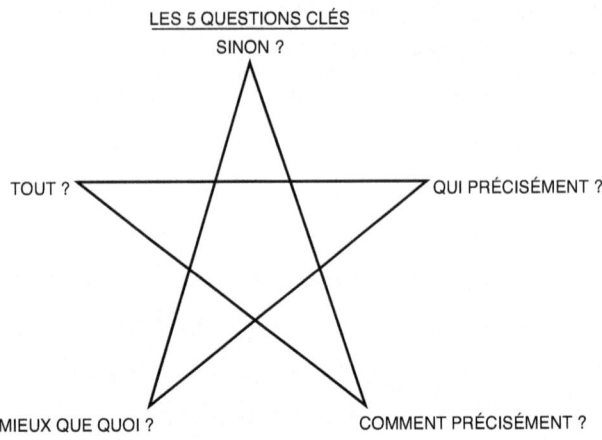

LES 5 QUESTIONS CLÉS
SINON ?
TOUT ?
QUI PRÉCISÉMENT ?
MIEUX QUE QUOI ?
COMMENT PRÉCISÉMENT ?

Les cinq branches de la première étoile désignent les mots clés qui doivent alerter l'attention de l'auditeur. Si nous les étudions un par un en commençant par le haut et la gauche nous trouvons le mot *tout*, il recouvre les généralisations utilisant les quantifieurs universels, la même branche de la deuxième étoile fournit la question correspondante *tout ?*, qui consiste comme nous l'avons vu plus haut à reprendre le quantifieur universel à la forme interrogative, ou même à le renforcer (absolument tout ?).

Le point clé suivant *il faut* désigne, lui, les omissions qui se servent des opérateurs modaux de nécessité. La question correspondante complète serait *que se passerait-il sinon ?* qui permet d'éclairer la conséquence de la transgression du *il faut*.

La troisième branche montre le point clé *on*. Il s'agit encore ici de soulever une généralisation qui se manifeste par l'usage d'un mot sans index référentiel. Ne perdons pas de vue cependant que les noms de catégorie relèvent aussi de la question *qui précisément ?* correspondante.

La branche suivante de l'étoile, si nous la contournons dans le sens des aiguilles d'une montre, nous propose le verbe *faire*. Il s'agit là de mettre à jour une autre forme d'omission, celle qui est liée aux verbes insuffisamment spécifiques ou précisés. Dans ce cas, la question sera *comment précisément ?* Notons que cette question peut aussi soulever une distorsion lorsqu'il s'agit d'un verbe tel que penser, savoir, croire...

Le dernier point clé *mieux* se réfère aux omissions par comparaison et la question a pour but de faire préciser le deuxième élément de celle-ci.

Ce modèle très simple permet rapidement d'arriver à associer des mots clés avec les questions qui permettent d'obtenir l'information précise. Dans les conversations courantes, vous ne vous servirez probablement que de ces questions, cependant, je pense qu'il est souhaitable d'en connaître la source que constitue le métamodèle pour le langage.

8 - Exercices

Exercice 17

Liste des cartes :
1 - changer de posture ;
2 - refléter la posture ;
3 - refléter les gestes ;

4 - accélérer le rythme de la voix ;
5 - ralentir le rythme de la voix ;
6 - augmenter le volume de la voix ;
7 - diminuer le volume de la voix ;
8 - utiliser des termes visuels ;
9 - utiliser des termes auditifs ;
10 - utiliser des termes kinesthésiques ;
11 - provoquer l'utilisation de termes visuels ;
12 - provoquer l'utilisation de termes auditifs ;
13 - provoquer l'utilisation de termes kinesthésiques ;
14 - s'accorder au système de représentation sensorielle ;
15 - rompre le rapport ;
16 - utiliser des omissions par comparaison ;
17 - utiliser des verbes imprécisés ;
18 - utiliser des quantifieurs universels ;
19 - utiliser des opérateurs modaux de possibilité ;
20 - utiliser des opérateurs modaux de nécessité ;
21 - utiliser des mots sans index référentiel ;
22 - utiliser des nominalisations ;
23 - faire de la divination ;
24 - changer d'objectif ;
25 - exprimer son objectif au négatif.

Par groupes de trois : un sujet, un acteur et un témoin.

– L'acteur prend une carte sans la montrer à ses deux partenaires, il exécute la consigne inscrite sur la carte.

– Le sujet et le témoin doivent trouver ce qu'a fait l'acteur et le sujet doit répondre de façon à faire comprendre à l'acteur qu'il a compris. Si l'acteur a pris la carte « exprimer son objectif au négatif » et qu'il dit « Je ne veux pas partir en week-end », le sujet peut lui répondre « Alors que voulez-vous faire à la place ? ».

L'objectif de cet exercice est d'apprendre à observer les messages transmis par les autres, à savoir ce que l'on exprime, et à comprendre comment les autres nous perçoivent.

Exercice 18

Entraînez-vous individuellement, cinq minutes par jour, à répéter les imprécisions de votre dialogue intérieur. Lorsque vous réfléchissez sous forme de dialogue intérieur, interrompez votre réflexion chaque fois que vous relevez des transgressions du métamodèle. Limitez-vous aux points clés pour commencer, puis essayez d'élargir aux distinctions du métamodèle.

L'objectif de cet entraînement est d'acquérir les réflexes de la précision qui vous donneront les moyens de questionner utilement. Une à deux semaines vous suffiront pour parvenir à détecter les ambiguïtés et les imprécisions du langage, tant pour vous-même que pour les autres.

Chapitre 4

Être authentique pour être efficace

1 - La congruence et les incongruences

Au cours de l'exercice 17 vous avez pu remarquer qu'il est difficile voire impossible de n'exprimer qu'une chose à la fois, et ce fait caractérise la communication humaine. Nous possédons en effet plusieurs moyens d'expression dont la parole n'est qu'un élément, et pour donner un sens à nos messages, nos interlocuteurs perçoivent et interprètent plusieurs types d'informations : les gestes, la posture, l'expression du visage, la qualité de la voix, le contenu du discours. En fait, nous exprimons toujours plusieurs choses à la fois.

Lorsque l'on dit de quelqu'un qu'il est sincère, authentique, vrai, c'est qu'il utilise tous ses moyens d'expression pour signifier le même message ou des messages qui s'accordent : les gestes peuvent venir souligner, appuyer un mot ou une phrase. Cette attitude correspond à ce que la P.N.L. appelle la **congruence**.

Par contre, une personne qui a le don de mettre les autres mal à l'aise sans pour autant que l'on puisse attribuer cela à un fait précis, émet pratiquement dans tous les cas des messages contradictoires. Une grande partie de la communication est perçue et comprise au plan inconscient, ce qui explique qu'il est difficile de trouver précisément ce qui ne va pas. Le résultat, c'est une sensation de malaise qui naît de l'**incongruence** des messages émis. Le ton de la voix peut être en contradiction avec le contenu du discours.

L'opposition est souvent faite entre verbal et non verbal. En P.N.L. nous n'opposons pas ces deux éléments mais nous évaluons et comparons l'ensemble de ce que nous percevons chez l'autre.

Le langage non verbal n'est pas systématiquement compris en tant que commentaire du langage verbal même si cela peut se produire parfois.

Certains spécialistes de la communication se livrent parfois à une sorte de dissection des messages émis par des personnages publics. Il ressort de leur étude que certains gestes sont plus rassurants ou plus chaleureux que d'autres, et par conséquent, qu'il convient selon eux de les apprendre pour remplacer les autres en les intégrant au discours et à l'ensemble de la communication. C'est une recette miraculeuse pour fabriquer de l'incongruence, et l'impression de fausseté ressentie devant l'expression de ces personnages publics après être passés au moule commun du bon geste provient d'une inadéquation, d'un décalage entre leurs moyens d'expression, ici, entre les gestes et les paroles, la qualité de la voix et l'expression du visage. Il en va de même du sourire commercial ou de l'amabilité forcée qui nous fait parfois dire *trop poli pour être honnête.* Lorsque l'on sourit à quelqu'un c'est que l'on éprouve un état spécifique qui le permet ; la sympathie, la bienveillance, l'intérêt, ou l'affection suscitent des attitudes, des comportements dont le sourire fait partie. Cet état intérieur se manifeste par un comportement constitué d'un ensemble de signes visibles et audibles. Lorsque ces signes s'accordent les uns aux autres, le comportement apparaît comme sincère, authentique, en termes P.N.L. : congruent.

Un travail de développement personnel visant à accroître la congruence de l'expression doit plutôt viser la cause que l'effet ou agir sur la source plutôt que sur le résultat.

Le comportement extérieur, l'ensemble de ce que nous offrons aux autres dans la communication résulte d'un état intérieur et d'une organisation intérieure, c'est pourquoi, il me paraît plus pertinent de travailler l'état intérieur plutôt que de « bricoler » le comportement extérieur.

Les incongruences peuvent être **simultanées** quand la personne exprime au même moment plusieurs messages contradictoires ou **séquentielles** lorsqu'elle exprime les uns après les autres de façon congruente des messages qui se contredisent. Le décalage entre le comportement et l'intention illustre notamment l'aspect séquentiel de l'incongruence.

J'ouvre une parenthèse à propos des termes congruence et incongruence qui ne peuvent être remplacés par ceux de cohérence ou d'incohérence, en effet, il s'agit de deux niveaux différents. En français, le terme de congruence existe dans le langage mathématique [1], par contre le terme d'incongruence n'existe pas. La définition que nous en donnons en termes P.N.L. se réfère à un jargon psychologique et désigne la description d'une communication. Lorsque nous utilisons le terme de cohérence, il désigne un état ou une stratégie ; nous pouvons étudier comment une personne maintient sa cohérence

---

1. Dictionnaire Robert.

entre ses croyances et ses comportements, la cohérence ne garantit pas pour autant la congruence, et, l'incohérence ne se traduit pas forcément par des incongruences.

Que faire ?

La tâche est double car il faut d'une part détecter les incongruences et d'autre part être congruent si nous voulons donner à nos interlocuteurs une communication claire, directe, sans ambiguïté qui traduise au plus juste notre objectif afin d'être comprise comme telle.

D'autre part, quand nous ne parvenons pas à détecter les incongruences d'un interlocuteur, il arrive qu'avec les phénomènes de mimétisme caracté-ristiques du rapport, il parvienne à nous conduire dans son incongruence. Ce comportement exprime généralement un conflit chez la personne, qui amène ainsi ses interlocuteurs à devenir partie prenante de celui-ci. Deux solutions s'offrent dans ce cas, entrer dans le jeu ou adopter une attitude d'arbitrage [2].

Apprendre à détecter les incongruences requiert une bonne acuité senso-rielle. En effet, non seulement il est nécessaire de percevoir le plus possible d'éléments mais encore de les comparer afin de vérifier s'ils sont compa-tibles les uns par rapport aux autres.

Lorsque vous avez appris à calibrer un comportement vous avez développé votre sens de l'observation, il ne s'agit là que d'une étape supplémentaire.

2 - Détecter les incongruences

Exercice 19

Si vous vous exercez, vous pouvez faire une liste des messages que vous allez observer (posture, gestuelle, expression du visage, qualité de la voix, choix des mots, etc.), puis munis de cette liste, vous trouvez un poste d'ob-servation (un lieu public). Vous choisissez ensuite une personne comme sujet d'observation, et vous vous donnez quelques minutes pour étudier son compor-tement dans la communication. La meilleure méthode consiste à observer tour à tour chaque détail choisi puis de les mettre en comparaison pour vérifier la congruence.

---

2. Voir plus loin chapitre 6.

Marche à suivre étape par étape :

– apprendre à observer les messages que vous pouvez voir ;
– apprendre à observer les messages que vous pouvez entendre ;
– observer globalement (visuel et auditif) ;
– observer en comparant les messages issus de la droite de la personne avec ceux issus de sa gauche. (La main droite ignore souvent ce que fait la main gauche !)

Être congruent

1 - Connaître son objectif

Plusieurs conditions sont nécessaires : la première étant de bien connaître l'objectif, c'est-à-dire de savoir ce que vous voulez. Pour ce faire, reportez-vous aux questions d'objectif et, sous forme de dialogue intérieur, exercez-vous à appliquer les outils d'éclaircissement du métamodèle afin d'arriver à une réponse précise pouvant être exprimée en termes sensoriels, et au positif.

2 - Connaître ses équivalences comportementales

3 - Les équivalences comportementales ou complexes

La seconde condition c'est la connaissance de vos **équivalences comportementales**. Elles portent aussi le nom d'équivalences complexes. Les deux termes sont souvent confondus. Ici, pour plus de clarté j'utiliserai le terme d'équivalence comportementale pour désigner la façon dont nous montrons notre état intérieur par notre comportement, et celui d'équivalence complexe pour décrire l'expression concrète d'un critère [3].

Une équivalence comportementale c'est la démonstration d'un état intérieur défini par un mot (distrait, attentif, respectueux, etc.). Si nous voulons exprimer un état intérieur, nous le faisons avec des mots et avec une démonstration physique. Il s'avère bien souvent qu'un comportement qui exprime un état

_____
3. Voir chapitre suivant.

de son auteur ne soit pas perçu comme tel par la personne à laquelle il s'adresse, ce que nous faisions remarquer plus haut à propos de décalage entre comportement et intention.

Le travail d'auto-observation réalisé en vidéo permet de découvrir ses équivalences comportementales pourvu que l'on puisse agir avec naturel. Ce test doit cependant être complété pour apporter une information pertinente par l'observation faite par d'autres personnes. Il ne suffit pas en effet de « se comprendre » pour être compris comme nous l'entendons, parfois même, nous devrons adapter nos équivalences comportementales à la perception de nos partenaires.

Nous possédons tous des équivalences comportementales pour nos états intérieurs. Vous êtes peut-être attentifs lorsque vous vous penchez vers l'avant, la tête appuyée sur la main, le coude sur la table, le regard un peu lointain, mais ce comportement peut être perçu, d'une façon très différente selon la personne qui l'observe.

Lorsque vous avez appris à calibrer, vous avez déjà fait connaissance avec les équivalences comportementales, puisque vous avez pu reconnaître dans les messages exprimés par votre interlocuteur un état intérieur spécifique.

Cette nouvelle étape va un peu plus loin. Nous n'allons pas seulement nous contenter de calibrer une réponse oui/non, ou vrai/faux mais tout un ensemble de signes traduisant un état intérieur précis.

Exercice 20 : Par groupes de trois : un sujet, un acteur, un témoin

– le sujet choisit un comportement qu'il définit par un mot (attention, respect, affection ou tout autre comportement de son choix) ;

– le sujet montre à l'acteur comment il fait preuve de ce comportement ;

– l'acteur donne des indications précises au sujet pour qu'éventuellement il modifie son comportement jusqu'à ce qu'il perçoive correctement selon lui l'état intérieur choisi par le sujet ;

– le témoin note les différences ;

– à tour de rôle pour que chacun puisse jouer les trois rôles et expérimenter plusieurs équivalences comportementales.

L'objectif de cet exercice est de vous permettre de découvrir quels sont pour vous les points de repère qui guident votre compréhension. Plus vous pouvez accepter de comportements différents pour signifier le même message plus vous disposez d'une bonne qualité de perception des autres. Cela vous donne aussi la possibilité de vous adapter.

La congruence d'un comportement est une condition nécessaire à sa compréhension par les autres. Gregory Bateson [4] nous dit que l'essence de la communication est de réduire le hasard. En fait, les messages que nous recevons des autres nous permettent de prévoir leurs comportements, et plus ces messages sont clairs ou congruents, mieux nous les percevons et plus nous sommes à l'aise dans l'interaction parce qu'ils nous disent comment nous y adapter.

Cette sensation positive est indispensable comme preuve de compréhension, elle est toujours présente à la sortie d'une stratégie de prise de décision ou de résolution de problème. Il importe donc de savoir la faire surgir en nous, c'est ce que l'on appelle être dans un état de ressource, de la reconnaître et de la provoquer chez les autres, ce que nous allons apprendre à réaliser grâce aux ancrages [5].

4 - L'état de ressource

C'est essentiellement l'état positif qui nous permet de disposer de toutes nos possibilités. Si une personne timide ou très émotive se trouve en situation de stress, elle ne dispose pas de ressources qui lui donneraient la possibilité de résoudre cette situation difficile.

C'est une expérience que nous avons probablement tous vécue ou que nous vivons parfois.

Ce qui est remarquable c'est que nos comportements, nos états émotionnels apparaissent quasi automatiquement dans certains contextes.

Les difficultés proviennent du fait que nos comportements ne sont pas toujours appropriés au contexte dans lequel ils surgissent. Ils l'ont sans doute été au moins une fois dans notre expérience, mais cela ne les empêche pas d'exister à des moments où nous n'en avons vraiment pas besoin.

Le comportement de fuite ou d'évitement face à certaines situations peut avoir été utile une fois, peur des insectes (ou d'autres animaux), mais ce n'est pas justifié chaque fois que la personne voit un insecte ; or, le seul fait de voir une mouche, même de loin, provoque des réactions de peur même si aucun danger n'existe.

C'est l'apprentissage particulièrement efficace d'un conditionnement.

---

4. *Vers une écologie de l'esprit.*
5. Voir plus loin dans ce chapitre.

De la même façon, nous pouvons faire apparaître des états positifs, il suffit d'une information visuelle, auditive ou kinesthésique pour nous ramener à une situation agréable, ou à ce que l'on appelle un état de ressource. Ce stimulus visuel, auditif ou kinesthésique c'est ce qu'en P.N.L. nous nommons un **ancrage**.

5 - L'ancrage

Nous avons évoqué plus haut l'aptitude au conditionnement et souligné qu'un comportement, une fois appris ou vécu, pouvait être rendu disponible pourvu qu'existent le stimulus ou l'ancrage appropriés à le déclencher.

Sans nous en rendre compte nous distribuons des ancrages en quantité. Lorsque nous utilisons un certain ton de la voix pour dire *hum* chaque fois que notre interlocuteur termine une phrase, ce ton de la voix est l'ancrage qui maintient notre interlocuteur dans un état intérieur spécifique. Si nous modifions l'ancrage, nous modifions par voie de conséquence le comportement de réponse.

L'ancrage est un phénomène d'association (une information déclenche un état intérieur). En regardant une photo, vous pouvez revivre mentalement la situation qu'elle évoque pour vous ; certaines musiques vous feront évoquer une autre situation ; il en va de même pour des sensations tactiles, olfactives ou gustatives qui se trouvent associées dans votre expérience à une situation que vous avez vécue. La littérature abonde de ces expériences dont l'une des plus célèbres est sans doute celle de la petite Madeleine de Marcel Proust.

Notre objectif ici, c'est d'abord de prendre conscience de ce phénomène, puis de s'en servir afin de pouvoir provoquer en nous des états positifs, et, dans un troisième temps d'utiliser l'ancrage pour les autres.

6 - Exercices

Exercice 21 : Seul ou deux par deux

– Pensez à une situation où vous avez disposé d'un état de ressource optimum ; mentalement, vous en définissez les circonstances avec précision jusqu'au moment où vous pouvez en quelque sorte revivre cette expérience.

– Lorsque vous êtes arrivé au maximum, que vous avez pu recréer votre état de ressource, vous saisissez avec le pouce et l'index droits l'extrémité de votre petit doigt gauche, vous maintenez l'ancrage quelques secondes.

– Vous enlevez l'ancrage et revenez au contexte d'ici et maintenant.

– Maintenant, pensez à une situation légèrement désagréable dans laquelle vous savez que vous auriez besoin de vos ressources mais vous n'en disposez pas.

– Lorsque vous êtes bien dans la situation, effectuez l'ancrage précédent et remarquez en quoi cela change votre expérience.

Si vous faites l'exercice deux par deux, il y a un sujet et un acteur, ce dernier doit calibrer le comportement traduisant l'état de ressource et ancrer au moment où la réaction est la plus évidente. De même dans la seconde partie, il doit ancrer au moment du pic de réaction ceci pour être sûr d'ancrer au bon moment.

Dans l'exercice, nous avons utilisé une ancre kinesthésique, elle aurait pu être visuelle ou auditive. Au cours d'entretiens, nous utilisons plutôt des ancres visuelles et auditives relatives à notre comportement.

Si vous demandez à une personne ce qu'elle fait lorsqu'elle a besoin de se donner du courage ou de se mettre en forme pour la journée, elle vous apprendra sa stratégie et vous reconnaîtrez le ou les ancrages qu'elle utilise. Un de mes stagiaires prétend qu'il ne travaille bien que s'il commence sa journée par un bon café. Dans son cas, c'est l'arôme du café qui constitue l'ancrage kinesthésique conduisant à son état de ressource.

Un des ancrages kinesthésiques les plus connus c'est la poignée de main, en effet, selon la qualité de la sensation tactile elle conduit à différents états intérieurs et différentes attitudes.

Exercice 22 : Par deux

– Vous allez expérimenter la poignée de main d'abord celle que vous effectuez habituellement, vous demandez à votre partenaire de vous dire ce qu'elle signifie pour lui au niveau de l'expérience, que ressent-il lorsque vous lui serrez la main, et qu'en déduit-il à propos de vous ?

– Dans un second temps, vous modifiez votre geste (plus ou moins tonique, plus ou moins long, plus ou moins fort) et vous vérifiez comment cela affecte la sensation de votre partenaire.

Au cours de l'entretien, vous avez l'occasion d'apprendre à reconnaître en le calibrant l'état intérieur positif de votre interlocuteur. Selon les contextes, quelques questions qui demandent à la personne de parler de choses positives en les décrivant suffisent à faire surgir un état positif. À ce moment, ce que vous ferez sera un ancrage ; si vous modifiez le ton de votre voix, si vous adoptez une posture particulière cela fera office d'ancrage.

Il importe cependant de se souvenir avec précision de l'ancrage qu'on a utilisé pour être capable ensuite de faire ressurgir l'état positif calibré initialement.

Une représentante me raconte qu'elle utilise sans le savoir deux sortes d'ancrages. D'une part, elle s'habille toujours dans le même style lorsqu'elle visite ses clients (elle note sur un carnet divers renseignements à propos du client ou du prospect, mais aussi comment elle était habillée le jour de son passage), d'autre part lorsqu'elle reprend rendez-vous avec eux elle se présente sous le nom que ceux-ci lui donnent. Souvent en effet, les clients donnent au représentant le nom du produit qu'il vend, en se servant de ce nom, elle associe sa présence au produit et renforce cette association au niveau du client tout en induisant un état positif par le côté humoristique du procédé.

Certaines personnes manifestent leur attention à ce qu'elles voient ou entendent en se rapprochant ou se penchant vers leur interlocuteur. Lorsque cela se produit dans un entretien, je m'adapte à cette posture en la reflétant, et chaque fois que j'ai besoin de l'attention de mon interlocuteur, je m'approche légèrement reproduisant ainsi son attitude d'attention. Lorsque la personne démontre un état attentif par un autre comportement, le procédé d'ancrage reste le même.

Un chef d'entreprise utilise, entre autres moyens, un ancrage de motivation pour ses vendeurs, il fait afficher dans toutes ses agences une magnifique photographie du véhicule de travail qui sera attribué aux meilleurs.

Pour la vente par téléphone, on conseille souvent de se placer en situation. Diverses recommandations s'avèrent très pertinentes telles que le sourire, le fait de s'habiller comme si l'on était en face à face avec le client. Là où les choses se compliquent, c'est lorsque l'on incite le vendeur à se détendre, en effet, la seule volonté ne suffit pas, c'est comme si on se donnait l'ordre d'être heureux ! Nous pouvons nous détendre en pensant à quelque chose d'agréable qui va conduire à la détente, pas en voulant être détendu. Pour les vendeurs qui utilisent le téléphone, je conseille d'avoir dans la pièce où ils travaillent quelque chose qui les fasse penser à une situation agréable, une photo ou n'importe quel objet fait alors office d'ancrage visuel positif.

La publicité fait un usage massif de l'ancrage, par exemple en associant une musique et/ou une image à un produit. La personne qui perçoit l'image ou le son apprend à les relier avec le produit et le choisira de préférence à un autre qui n'a pas été ancré de la sorte. Vous pouvez reconnaître aisément dans ce procédé une forme de conditionnement.

Avec **l'ancrage**, nous avons étudié l'un des principaux moyens d'influence. Comme toutes les techniques de la P.N.L., il est à pratiquer d'abord sur soi-même pour générer des états positifs qui permettent d'améliorer sa propre compétence.

Le questionnement du **métamodèle** permet également d'exercer une influence dans un but de clarification du discours et de l'expérience. Les techniques de **rapport** influencent aussi en ce sens car elles sont faites pour instaurer le climat de confiance indispensable pour que chacun atteigne son objectif dans la relation.

Exercice 23 : Deux personnes A et B

– A demande à B de penser à une situation agréable.

– Lorsque B revit mentalement son expérience agréable, A lui donne une ancre kinesthésique.

– A maintient son ancre quelques secondes, l'enlève et demande à B de revenir au contexte d'ici et maintenant.

– A et B se parlent quelques minutes pour faire un intermède.

– A demande à B de penser à une expérience moyennement désagréable.

– Lorsque B revit mentalement cette expérience, A lui demande d'en sortir. Le ton de la voix de A sera un ancrage auditif qui interrompra B.

– A et B font un autre intermède.

– A demande enfin à B de penser à cette expérience désagréable, mais il associe l'ancre kinesthésique qu'il a donnée lors de la première expérience.

Le rôle de A consiste à calibrer le comportement de B pendant cette dernière phase, peut-il observer les mêmes réactions ?

Le rôle de B consiste à dire à A en quoi l'ancrage a modifié son expérience.

Chapitre 5

Les moyens de l'influence

1 - Les critères

Lorsque nous entrons dans le monde des critères et des valeurs, nous partons à la découverte du pourquoi de l'expérience, c'est le domaine par excellence de la subjectivité. Nous allons cependant l'aborder avec la même démarche que celle utilisée pour étudier les points décrits auparavant et qui consiste en une recherche du comment. Il apparaît clairement ici que cette distinction entre comment et pourquoi, si elle présente des caractères utiles demeure cependant très artificielle, puisqu'en étudiant l'un on étudie aussi l'autre.

Notre objectif n'est pas ici d'expliquer comment s'installent les critères ou les valeurs, sachons seulement que c'est à travers les expériences de l'histoire personnelle au cours desquelles l'individu se sent particulièrement concerné par ce qui lui arrive. Ce que nous voulons montrer, c'est comment il est possible de connaître, de découvrir les critères et les valeurs de la personne. De la même façon que nous utilisons le système de représentation sensorielle dominant de la personne pour communiquer pour ce qui concerne la forme, nous nous servirons des priorités qui hiérarchisent ses critères pour ce qui concerne le contenu.

L'outil majeur, c'est le questionnement. Le calibrage vient ensuite pour vérifier la congruence des réponses.

La stratégie d'objectif peut à nouveau nous servir de cadre de base.

Quand la personne a répondu à la première question, c'est-à-dire « que voulez-vous ? », avant de passer à la seconde nous allons demander :

– Qu'en attendez-vous ? Ou qu'en pensez-vous ?

S'il s'agit d'un produit, vous devez savoir grâce à cette question ou à une question de ce type quels sont les critères que la personne applique pour définir ce qu'elle en attend.

La seconde question de la stratégie d'objectif peut être reprise de la sorte :

– Quelles preuves souhaitez-vous avoir ?

Sur le schéma qui représente l'interdépendance du comportement extérieur avec l'état intérieur et l'organisation intérieure, nous avons souligné que ce système évoluait dans le cadre des critères et des croyances ou valeurs de la personne. Les critères et les valeurs font partie intégrante de la carte de la réalité ou représentation du monde à travers laquelle la personne agit.

– Qu'est-ce qui est pour vous le plus important ? En premier lieu, et ensuite ?

– En quoi cela a-t-il de l'importance pour vous, pour une autre personne ?

Les réponses vous donneront la hiérarchie des critères que vous devrez respecter si vous souhaitez faire passer vos arguments. Cette hiérarchie apparaît dans l'ordre d'énonciation des critères, mais aussi dans le comportement qui accompagne les mots. Le premier critère n'est pas toujours celui qui a la priorité sur les autres, parfois même il se trouve exprimé en dernier.

Comme dans les questions de la stratégie d'objectif, vous pouvez explorer les preuves (les critères) utiles aux autres – qu'est-ce qui prouverait à quelqu'un d'autre que vous avez atteint votre objectif ? –

La quatrième question : Qu'est-ce qui vous empêche de l'atteindre ? peut être formulée telle quelle ou adaptée :

– Qu'est-ce qui pourrait vous arrêter ?

– Qu'est-ce qui vous gêne ?

De la même façon, les réponses doivent être étudiées en termes de hiérarchie, les objections qui seront formulées après cette question seront un reflet des critères et de leur hiérarchie.

– Quel pourrait être l'obstacle majeur ?

La question : Que se passerait-il si vous l'aviez ? Se transforme en :

– Qu'est-ce qui changera (en premier, ensuite, pour finir) ?

Enfin, les deux dernières questions faisant entrer en jeu le cadre temps sont réutilisées ainsi :

– Qu'est-ce qui est le plus important maintenant ?

– Qu'est-ce qui sera le plus important après ?

Bien sûr, ces questions ne sont pas toujours utilisables sous cette forme, ce qu'il faut en retenir c'est l'esprit dans lequel il convient de s'en servir et comment elles servent de guide à l'entretien.

La détection des critères revêt une grande importance dans des situations où la personne s'implique particulièrement, par exemple lors de la recherche d'un nouveau travail, ou lors d'un investissement lourd.

J'ai eu l'occasion d'animer des groupes de demandeurs d'emploi dans des domaines commerciaux, la plupart des stagiaires avaient une expérience de la vente et souhaitaient retrouver un emploi dans ce métier. Ma mission consistait à préparer psychologiquement les stagiaires aux entretiens de recrutement qu'ils allaient avoir dans les semaines et les mois suivants.

J'ai fait usage des critères à deux niveaux, mon objectif étant d'une part de motiver et d'autre part d'aider les stagiaires à mieux connaître leurs objectifs. Dans un premier temps, je leur ai parlé en termes de vente et ai retenu ce qui, pour eux, leur paraissait important : il s'agissait principalement de goût des contacts humains et de connaissance du produit. J'ai donc présenté la situation de la façon suivante : au cours d'un entretien de recrutement, vous allez d'abord devoir vous vendre, c'est-à-dire vendre votre compétence, connaissez-vous bien le produit ?

Les critères possèdent des équivalences complexes comme les états intérieurs des équivalences comportementales. Si quelqu'un vous dit qu'une lessive est bonne, le critère « bonne lessive » suppose un ensemble de qualités vérifiables en tant qu'informations sensorielles qui constitue l'équivalence complexe du critère.

Comme pour les nominalisations, les critères peuvent être éclaircis, il suffit d'en retrouver l'équivalence complexe :

– Comment savez-vous que ce produit est bon ?

Il existe bien entendu de nombreuses autres questions destinées à mettre en évidence les critères que la personne utilise. En voici quelques-uns à titre d'exemple.

– Comment avez-vous choisi votre activité ?

– Racontez-moi votre meilleure expérience professionnelle (ou autre).

– Quelles seraient pour vous les conditions de travail idéales ?

– Qu'est-ce qu'une véritable réussite ?

– Qu'est-ce qu'un échec ?

– Comment définissez-vous l'efficacité ? (ou tout autre caractère).

– Quelle part accordez-vous aux loisirs dans votre vie ? (ou à autre chose).

D'une façon très générale, lorsque l'on cherche à connaître les critères de quelqu'un, les questions sont orientées de manière à aboutir à des réponses descriptives en termes d'équivalences complexes et donnant une hiérarchie.

Construisez votre hiérarchie de critères en répondant aux questions suivantes

1) Vous avez un projet qui vous tient à cœur, qu'est-ce qui pourrait vous empêcher de le réaliser ?

Réponse 1

2) En dépit de cela qu'est-ce qui vous obligerait à le réaliser ?

Réponse 2

3) Si l'obstacle 1 était résolu, qu'est-ce qui pourrait vous empêcher de le réaliser ?

Réponse 3

4) Malgré ce dernier obstacle, qu'est-ce qui vous obligerait à réaliser votre projet ?

Réponse 4

5) Si l'obstacle 3 était résolu, qu'est-ce qui vous empêcherait de le réaliser ?

Réponse 5

6) Malgré tous ces obstacles, qu'est-ce qui vous obligerait à réaliser votre projet ?

Réponse 6

Les réponses 5 et 6 vous indiquent vos critères les plus importants.

Il est important de relever l'ordre dans lequel les critères sont énumérés, celui-ci donne accès aux priorités de la personne ainsi qu'à sa stratégie. Bien entendu, les réponses doivent être vérifiées au niveau non verbal et verbal afin d'en mesurer la congruence.

2 - Les croyances et les valeurs

Les valeurs sont associées aux croyances en termes P.N.L. Les valeurs découlent en effet des croyances et elles déterminent les critères qui devront être satisfaits par le comportement.

Chacun possède des croyances et des valeurs qui en sont issues, même les personnes qui font preuve de comportements réprouvés par la société obéissent à un système de valeurs différentes de celles communément admises cela va sans dire. Cependant, ces valeurs existent et constituent l'élément qui rend l'action, le comportement possibles, elles sont la source de la motivation.

Lorsque l'on a compris à quelle valeur obéit une personne dans son comportement, on arrive à connaître la croyance initiale, et l'on peut alors définir cette personne d'une phrase qui en rendra l'essentiel.

Une des propriétés les plus remarquables des croyances, c'est qu'elles génèrent les filtres nécessaires à leur entretien comme le montre Paul Watzlawick dans son ouvrage *Faites vous-mêmes votre malheur* où il explique, entre autres exemples, que si vous êtes certains que vos voisins font partie d'un complot contre vous, le fait même qu'ils le nient prouve qu'ils en font bien partie.

Si vous croyez que le monde est dangereux, vous agirez en conséquence, et ne percevrez de la réalité que ce qui va nourrir votre croyance.

Ce phénomène se rapproche bien sûr des universels de modelage de l'expérience [1].

Le voleur qui récidive après avoir été arrêté une ou plusieurs fois parce qu'il croit qu'il ne sera pas repris, même s'il voit d'autres malfaiteurs emprisonnés, même s'il a été lui-même en prison, ne met pas en doute sa croyance – la prochaine fois je ne serai pas pris.

Que l'on évoque les critères, les valeurs ou les croyances, nous parlons des pourquoi des comportements ; et la raison pour laquelle il est intéressant de

---

1. Voir chapitre 1.

découvrir le fil conducteur des actions d'une personne c'est que cette découverte nous permet d'en prévoir les réactions.

Le système de valeurs ressemble un peu à un mur en construction, chaque brique représentant un élément d'expérience venant renforcer l'édifice des croyances. Lorsque vous parvenez à connaître les critères d'une personne, vous êtes sur la piste qui conduit aux valeurs puis aux croyances, et vous pourrez non seulement prévoir dans une large mesure les comportements de la personne mais aussi les influencer si vous présentez vos suggestions d'une façon qui va dans le sens de ces données.

Ce qu'il importe de comprendre c'est que les croyances commandent les comportements d'une façon impérative. La personne qui obéit à une croyance ne le fait pas toujours consciemment mais elle sait qu'elle ne peut agir autrement. À l'évidence, lorsque nous parvenons à connaître nos propres croyances, nous sommes conscients de ce qui pourra ou non nous influencer et cela nous permet d'accéder à la souplesse indispensable pour nous adapter aux différentes circonstances que nous rencontrons.

Les croyances se construisent à travers les expériences personnelles, vécues ou non, qui constituent l'histoire particulière d'un individu, mais notre objectif ici est de montrer quelques points essentiels autour desquels s'articulent les comportements d'une personne.

On peut classer les valeurs d'une personne en trois grandes catégories selon qu'elles sont liées à l'identité, la relation et le pouvoir.

Je me sers parfois d'une astuce pour déceler la catégorie dans laquelle je vais pouvoir identifier les valeurs de quelqu'un. En partant du principe que si la personne peut choisir une activité, elle s'orientera de préférence vers celle destinée à alimenter ses valeurs prioritaires, je pose des questions à propos des loisirs. Par exemple, si j'ai affaire à un sportif, je pourrai déduire quelle est la valeur qui demande à être satisfaite selon la discipline qu'il aura choisie. En effet, quelqu'un qui choisit un sport d'équipe répond à un besoin de relation ou de pouvoir selon le rôle qu'il joue au sein de son club tandis que celui qui s'adonne à un sport individuel se préoccupe davantage de satisfaire un besoin d'identité, et dans ce domaine il existe encore bien des distinctions possibles.

Dans d'autres activités de loisirs, au-delà des modes et des comportements liés à l'appartenance à un groupe social, il est encore possible de mettre en évidence la valeur qui est en cause dans le choix de la personne.

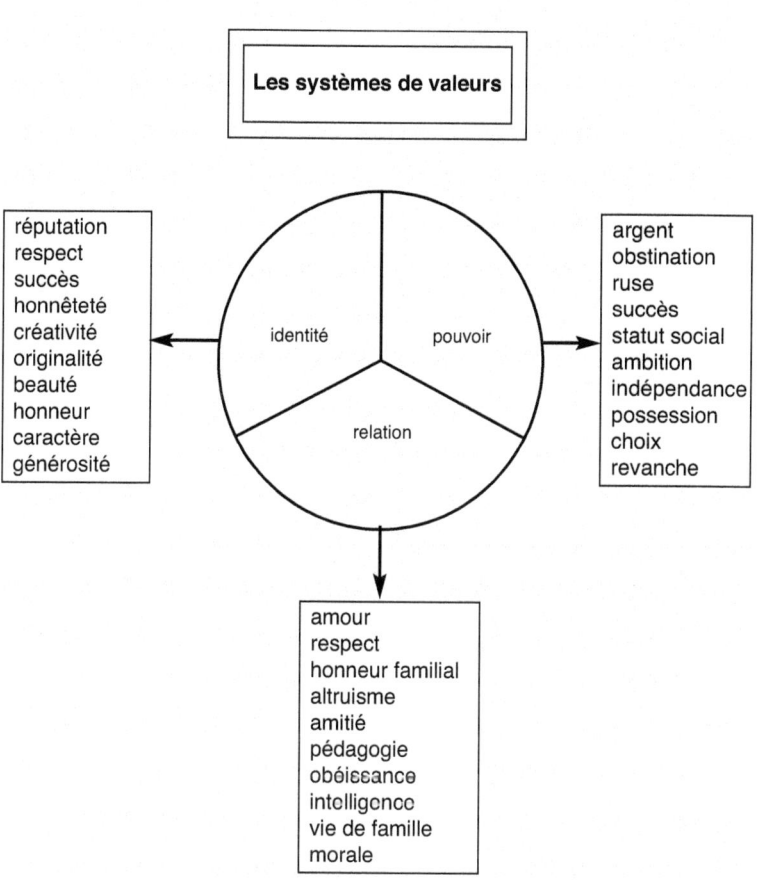

Les systèmes de valeurs

réputation
respect
succès
honnêteté
créativité
originalité
beauté
honneur
caractère
générosité

identité

pouvoir

relation

argent
obstination
ruse
succès
statut social
ambition
indépendance
possession
choix
revanche

amour
respect
honneur familial
altruisme
amitié
pédagogie
obéissance
intelligence
vie de famille
morale

Exercice 24 : test

Quelques valeurs types figurent dans les encadrés.

Cherchez combien vous en comptez qui vous conviennent dans chaque encadré, chaque valeur vaut un point. Faites le total des points par encadré et découvrez dans quel ordre s'organisent vos valeurs.

C'est à dessein que j'ai réutilisé le même schéma que celui qui décrit la relation entre comportement extérieur, état intérieur et organisation intérieure pour illustrer l'organisation des valeurs. En effet, identité, pouvoir et relation sont liés les uns aux autres. Certaines personnes s'assurent de leur identité en ayant une activité au sein d'un groupe ou d'une association satisfaisant en cela leur besoin de relation, d'autres ne trouvent leur identité que dans le pouvoir qu'elles peuvent exercer sur les autres.

Au cours d'une enquête sur la motivation, je demandai à une cliente qui avait repris et réussi des études longues et difficiles après avoir élevé trois enfants :

– Qu'est-ce qui a guidé votre choix pour ces études ?

Elle réfléchit puis après un temps me répond :

– Je voulais faire une synthèse de mes connaissances.

Le ton de sa voix ne me convainc pas, j'insiste.

– C'est tout ?

– Hum... Non, pour réussir des choses difficiles, que les autres trouvent insurmontables, il faut un bon motif.

– Elle souligne ce *bon* en haussant le ton de la voix, en faisant un geste et hochant la tête.

– Qu'est-ce que vous appelez un bon motif ? dis-je en reprenant le ton spécifique sur le *bon*.

– Oh, pour moi, c'est simple, je voulais me rapprocher de mes enfants, pour pouvoir continuer à m'en occuper.

– C'était votre premier souci ?

– Sans aucun doute.

– Est-ce que cela suffisait pour vous donner envie de reprendre des études ?

– Non, pas entièrement, j'aurais pu trouver d'autres prétextes. En fait, je voulais aussi prouver qu'en tant que femme j'étais aussi capable de réussir sur le plan intellectuel, et peut-être même mieux qu'un homme dans ce domaine spécifique.

Cet extrait d'entretien montre clairement qu'avec quelques questions il est possible de découvrir les valeurs qui vont servir à motiver une personne.

Pour ma cliente, le plus important c'est la famille, elle trouvera le moyen de s'inscrire à l'université de la ville où résident ses enfants malgré les difficultés que cela présente de changer d'académie. En second, il lui faut prouver qu'elle peut aussi bien sinon mieux réussir qu'un homme dans le domaine qu'elle a choisi. La motivation intellectuelle, vient en dernier lieu, elle existe, mais pas d'une façon déterminante.

On peut donc dire qu'en premier il lui faut satisfaire un besoin de relation (ce qui est recoupé par le fait qu'elle exerce une profession où la relation d'aide thérapeutique domine). En second lieu, c'est une question de pouvoir, qui se retrouve d'ailleurs dans l'esprit de compétition qu'elle développe au cours de ses études, elle doit faire mieux que les autres, être la meilleure, la première. En troisième position, un besoin de créativité et de réalisation personnelle se fait jour en rapport direct cette fois avec l'identité.

Munis d'une telle ressource, nous possédons les moyens de présenter une information en accord avec la hiérarchie de valeur de la personne. Il va sans dire que faire miroiter des gratifications d'ordre personnel ne motivera que de façon accessoire une telle femme, à moins de pouvoir lui démontrer que ces gratifications lui seront utiles ou nécessaires dans ses relations d'aide à sa famille ou aux autres.

Pour découvrir les valeurs des personnes qui nous entourent c'est encore une fois une question de perception. Il s'agit d'être en éveil par rapport au contenu du discours et à la façon dont le langage non verbal le ponctue.

Quelques questions spécifiques peuvent nous aider à cette découverte, en voici quelques-unes :

– 1 - Existe-t-il quelque chose que vous ne pourriez pas faire ?
– 2 - Quelle sorte de personne serait capable de le faire ?
– 3 - Comment pourriez-vous la qualifier ?
– 4 - Existe-t-il quelque chose que vous ne voulez pas faire ?
– 5 - Quelle sorte de personne serait capable de le faire ?
– 6 - Qu'est-ce que vous ne supportez pas chez les autres ?
– 7 - Comment pourriez-vous vous définir en quelques mots ?

Ces questions sont destinées à cerner la façon dont la personne se considère. En général, elle se définit comme le contraire des réponses qu'elle donne aux questions 2 et 5, cependant, à la question 6 la réponse donne une idée de ce que la personne cherche à combattre en elle-même et cette valeur indique la croyance impliquée ; par exemple :

– Qu'est-ce que vous ne supportez pas chez les autres ?
– L'intolérance.
– Comment pourriez-vous vous définir en quelques mots ?

– Hum... Je cherche à comprendre les autres, ce n'est pas toujours facile.
C.Q.F.D !

3 - Les présuppositions

Alors que les critères, les valeurs et les croyances peuvent être mis en relation avec des phénomènes de généralisation (une seule expérience pouvant générer une croyance), les présuppositions se rattachent davantage à un mécanisme d'omission puisqu'elles ne sont pas formulées par définition, et de distorsion du fait de leur caractère construit (voir les universels de modelage de l'expérience). Pour qu'un message ait un sens, nous construisons ce que nous pensons utile, évident et nécessaire à cet effet, c'est ainsi que nous effectuons des présuppositions.

Les présuppositions ne sont pas formulées mais elles sont contenues dans les messages verbaux et non verbaux. On peut les considérer comme l'intention réelle ou imaginaire d'un message et elles existent à la fois chez la personne qui émet et chez celle qui reçoit le message.

Il existe deux types de présuppositions :

– **Les déductions :** elles sont la conséquence logique observable surtout au niveau verbal de l'affirmation.

– **Les implications :** il s'agit plutôt ici de ce que l'on imagine à partir de l'affirmation, ce sont les interprétations du message et elles s'observent davantage au niveau non verbal.

Pour ce qui concerne la communication, notre attention se concentre plutôt sur les implications que sur les déductions car elles peuvent produire bien des malentendus.

Quand nous nous livrons aux délices de l'interprétation en faisant la liste des implications d'un message, nous nous éloignons insensiblement des faits, et par voie de conséquence nous mettons à jour nos critères.

Prenons l'exemple connu (cité par Ronald Laing dans *Nœuds* et par Paul Watzlawick dans *Faites vous-mêmes votre malheur*, pour illustrer le mécanisme de la double contrainte) de la mère qui offre deux cravates à son fils, une rouge et une bleue. Le lendemain, le fils met la cravate bleue et sa mère lui fait la remarque suivante d'un ton amer : je vois bien que tu n'aimes pas le rouge !

Sur le plan de la déduction cette histoire présuppose l'existence de deux personnages, une mère et son fils ; celle de deux cravates une rouge et une bleue etc., tous les éléments formulés dans l'anecdote sont présupposés exister.

Pour ce qui concerne les implications, si nous nous plaçons à la place de la mère nous pouvons présupposer – Il n'aime pas les cravates rouges, il n'a pas osé me le dire mais je l'ai deviné parce que je suis une bonne mère attentive.

Si nous nous mettons à la place du fils nous pouvons présupposer – Elle m'offre des cravates pour m'obliger à en mettre puisque c'est un cadeau alors qu'elle sait que je n'aime pas porter de cravate, mais comme je veux être gentil avec elle, je vais quand même en mettre une. Bien entendu, rien de tout cela n'est explicitement dit dans l'histoire en question, et n'importe quelles autres interprétations auraient aussi bien pu faire l'affaire.

C'est grâce aux implications que nous pouvons imaginer quelles sont les intentions cachées d'un écrivain, d'un poète, d'un homme politique, ou de nos proches. Notre intuition nous amène à des certitudes, des prises de position et nous aboutissons parfois à des impasses quand nous ne faisons pas la part entre ce que la personne a exprimé et ce que l'on a interprété à partir de cela.

Utilisation des présuppositions

La première étape consiste bien sûr à les reconnaître et pour ce faire il existe un moyen simple : lorsqu'une personne prononce une phrase, essayez de vous en faire une image claire. Tout ce qui n'a pas été dit explicitement mais que vous pouvez vous représenter dans cette image vient de vous, il s'agit de votre interprétation.

Exemple :

– J'aime les chats parce qu'ils se conduisent avec dignité.

Vous pouvez sans peine vous représenter la personne et un chat, peut-être même connaissez-vous l'animal en question, mais tout ce que vous verrez pour illustrer « j'aime » et « ils se conduisent avec dignité » sera uniquement le fruit de votre imagination.

C'est grâce à la même méthode que l'on identifie les omissions [2].

---

2. Voir le métamodèle pour le langage.

Cependant, ici, il vous faudra redoubler d'attention au langage non verbal : le ton de la voix, les gestes, l'expression du visage, enfin, tout ce qui vient ponctuer le discours s'assemble pour apporter des informations à propos de la présupposition.

Si nous revenons en effet à l'exemple de la mère qui offre deux cravates à son fils, la signification de l'implication est en partie contenue dans le ton de la voix et le comportement qui accompagne l'affirmation « Je vois que tu n'aimes pas le rouge ! ».

Exercice 25

Trois personnes, A, B et C (on peut aussi effectuer l'exercice deux par deux)

– A propose un objectif, un projet en une ou deux phrases ;

– B lui pose des questions à propos de ce qu'il a dit ;

– C identifie les présuppositions contenues dans ce qu'a dit A et dans les questions de B ; à tour de rôle.

Ainsi, après avoir identifié les présuppositions, il vous reste à choisir ce que vous voulez en faire. Dans bien des cas, conscient que les présuppositions de votre interlocuteur sont les mêmes que les vôtres vous continuerez votre conversation sans vous en préoccuper davantage. Cependant, vous avez encore trois autres possibilités :

– 1) S'accorder :

C'est-à-dire accepter la présupposition, provisoirement ou non.

– 2) Contester :

Mettre au défi l'existence de la présupposition, ou en contester la pertinence ou encore interrompre le processus.

– 3) Réorienter :

C'est une combinaison en séquence des deux choix précédents. Dans un premier temps, on accepte la présupposition, dans un second on la conteste. C'est le *oui, mais* que tout le monde connaît, l'art de trouver des contre-exemples pertinents.

Pour réorienter, nous disposons de tout un arsenal présenté sous le nom de menu d'influence et que nous étudierons ci-après.

Exemple

– J'ai l'intention d'aller passer mes vacances sur la planète Mars.

S'accorder : J'y suis allé l'année dernière, c'est un endroit merveilleux.

Contester : C'est impossible voyons !

Réorienter : C'est une idée en effet, cependant, vous aurez sans doute des difficultés d'approvisionnement en carburant, à votre place, j'irais plutôt à St-Malo.

Exercice 26

Seuls sous forme de dialogue intérieur ou en écrivant des exemples, ou en groupes de quatre personnes A, B, C et D, à tour de rôle.
– A fait une affirmation ;
– B s'accorde ;
– C conteste ;
– D réoriente.
À l'issue de ces deux exercices, vous aurez certainement remarqué qu'il est quasiment impossible de ne pas faire de présuppositions. Nous avons déjà évoqué cela en étudiant le phénomène de divination qui est une forme de distorsion (le métamodèle pour le langage).

Ce qui compte cependant, c'est d'une part d'en être conscient et d'autre part de savoir précisément comment l'on présuppose, quels sont les critères dont nous nous servons pour donner un sens à nos expériences d'interaction.

4 - Le menu d'influence

Sous ce titre sont groupées treize techniques de langage qui sont destinées à contester ou à réorienter ce qu'affirment nos interlocuteurs sous forme de relation de cause à effet.

En parcourant ces descriptions, vous reconnaîtrez certainement des armes que l'on aura pu utiliser contre vous au cours de conflits. Lorsque je présente les techniques du menu d'influence, certains stagiaires me font remarquer, parfois avec une certaine agressivité, que je suis en train de montrer des recettes de manipulation. Une arme n'a pas d'intention, mais un homme armé peut être animé d'intentions pour utiliser cette arme. Il n'en demeure pas moins que l'outil est innocent. De même, les techniques du menu d'influence ne véhiculent en elles-mêmes aucune mauvaise intention, en outre, le fait de bien les connaître permet d'en détecter facilement l'usage qu'en font ceux qui s'en servent sans le savoir, et surtout de les utiliser à bon escient car, si elles peuvent servir à attiser des conflits, de la même façon, elles pourront les désamorcer à temps.

Lorsqu'une personne énonce une relation de cause à effet, nous présupposons qu'elle n'est pas tout à fait de bonne foi, même si ce n'est pas complètement intentionnel. Nous partons du principe qu'il n'y a jamais une seule cause à un effet, mais qu'un ensemble de facteurs déterminent un effet ; par ailleurs, ces affirmations mettant à jour les critères et les croyances de leurs acteurs, nous possédons avec le menu d'influence un outil destiné à les influencer ou même à les faire changer d'avis.

Chaque distinction du menu d'influence donne aussi une direction pour chercher des options nouvelles à une affirmation péremptoire qui reflète l'impasse où aboutit un conflit.

Nous en décrirons les mécanismes au fur et à mesure de leur présentation, mais pour l'instant, nous allons choisir un exemple typique d'un conflit qui nous servira tout au long de cet exposé.

Exemple : – Tu es toujours en retard, cela prouve que tu n'es pas concerné par notre relation.

C'est une relation de cause à effet et d'égalité. La cause et l'effet décrivent une équivalence comportementale, l'effet mentionne en outre un état intérieur. Un critère apparaît également : l'importance de la ponctualité pour l'auteur de l'affirmation.

Si l'on choisit d'utiliser le métamodèle, on trouvera plusieurs points à éclaircir, et dans ce domaine, les techniques ne s'excluent pas mais s'associent.

1. Élargir ou rétrécir le débat

– Élargir

La technique consiste à élargir en allant vers des niveaux logiques supérieurs. Si nous parlions d'un chat, nous pourrions élargir en passant à la catégorie félin, puis mammifère puis animal, etc. Une réponse possible serait :

– Qu'est-ce que cela signifie « être en retard » alors que nous avons toute la vie devant nous ?

– Rétrécir

C'est l'inverse, nous allons cette fois vers des niveaux logiques inférieurs.

– Je suis en retard de dix petites minutes, très précisément.

2. Changer le cadre du débat

Il s'agit de modifier le cadre, c'est-à-dire le contexte. On peut en modifier la taille, la durée ou n'importe quel autre élément.
– Tu sembles ignorer ce qui s'est passé aujourd'hui ;
Ou bien
– En quoi mon retard te renseigne-t-il sur mon état d'esprit ?

3. Contester

Comme nous l'avons vu pour les présuppositions, on peut contester directement, encore s'agit-il de savoir ce que l'on conteste, ici, nous distinguons entre autres éléments :
– le comportement extérieur ;
– le critère ;
– la cause à effet.
a) Le comportement extérieur :
– Tu ne t'en rends pas compte mais, en fait je suis concerné.
b) Le critère :
– Alors pour toi, ce qui compte c'est l'heure, qu'est-ce que je deviens là-dedans ?
c) La cause à effet :
– Si je n'étais pas en retard tu penserais que je suis plus concerné par notre relation ?

4. La stratégie de la réalité

Cette distinction pose la question suivante : comment une personne sait-elle ce qu'elle sait, et, de quels éléments a-t-elle besoin pour donner de la réalité à son expérience ?
– Comment peux-tu savoir que je ne suis pas concerné par notre relation ?

5. Modèle du monde

Cette fois, on replace l'affirmation sous la responsabilité de son auteur, c'est-à-dire qu'elle ne peut avoir un sens que dans le monde où elle vit.
– C'est toi qui prétends que je suis en retard !

6. L'objectif

On se demande quel est l'objectif de la personne ou de son affirmation :
– À quoi cela avance-t-il d'en faire toute une histoire ?
– Qu'est-ce que cela t'apporte de m'en faire grief ?
– Qu'est-ce que je peux faire pour remédier à cela ?
– Que comptes-tu faire pour remédier à cela ?

7. L'intention

Cette catégorie prête parfois à confusion avec la précédente, en fait, elles sont différentes, et cette catégorie d'intention est plus en rapport avec les présuppositions et l'interprétation.
– Pourquoi me reproches-tu d'être en retard ?
– C'est pour me culpabiliser que tu dis cela !
– Je me demandais si tu t'en apercevrais !
– J'ai pris le temps d'aller chez le coiffeur car je voulais être impeccable pour sortir avec toi.

8. Les conséquences

Lorsque l'on énonce les conséquences négatives, il y a de fortes chances que cela dissuade la personne d'agir comme elle le fait ou veut le faire. C'est une généralisation qui s'appuie sur le fait que nous allons plus volontiers vers les choses agréables que vers les désagréables (même si les apparences sont parfois trompeuses, il faut toujours évoquer les avantages secondaires d'un comportement). Lorsque l'on utilise la conséquence, on illustre un vieux dicton qui prétend que *la peur est le commencement de la sagesse*. Attention, entre conséquence et menace, la frontière est étroite !
– Si tu continues ainsi, je risque de ne plus rentrer du tout.
– Cela nous met en retard de nous disputer à ce sujet.

9. Les contre-exemples

La technique du contre-exemple, c'est le *oui, mais*, nous l'avons déjà évoquée à propos des présuppositions.
– Si tu étais en retard cela voudrait-il dire que tu ne serais pas concerné par notre relation ?
– Ma mère était toujours en retard, et pourtant personne n'aurait pu dire qu'elle ne nous aimait pas !

10. Reformuler, redéfinir

La technique est connue, on peut soit reformuler la phrase telle quelle mais avec un ton interrogatif, soit la redéfinir comme pour en vérifier l'exactitude. En effet, lorsqu'on affirme quelque chose d'assez mauvaise foi, il est relativement difficile de répéter cette affirmation avec autant de conviction une seconde fois :

– Si je comprends bien, le fait que je sois en retard prouve que je ne suis pas concerné par notre relation ?

11. Utiliser la hiérarchie de critères

La technique consiste à ajouter de nouveaux critères de plus en plus importants :

– Pour moi, le plus important c'est ta présence, pas ton retard !

12. Appliquer le critère

– Cela ne favorise pas la ponctualité d'en faire toute une histoire !
– Au moins mon retard me donne des certitudes quant à tes sentiments !

13. Les métaphores

Pour élaborer une métaphore, il s'agit de trouver une situation analogue dont on modifie l'issue dans le sens où l'on veut aller. Une métaphore peut être une anecdote, une histoire, une phrase, un proverbe ; c'est un outil précieux lorsqu'il s'agit d'influencer car les métaphores sont des messages indirects où l'on peut dire ce que l'on veut sans risquer d'entamer la susceptibilité de la personne à laquelle elles s'adressent.

– Cela m'est arrivé aussi de penser comme toi, je m'étais inquiété parce que tu étais en retard, mais j'ai été tellement heureux de te voir arriver que je me suis dit *mieux vaut tard que jamais.*

Voici maintenant deux exemples de métaphores :

« Il était une fois deux renards, un gris et un argenté qui vivaient dans une forêt. Près de la lisière de cette forêt un paysan élevait des poules, il les laissait en liberté dans un champ. Chaque fois qu'ils avaient faim les renards venaient chasser une poule. Au bout de quelques jours, le paysan construisit un poulailler. Le lendemain le renard gris arrive, considère le poulailler et se dit :

95

– Quel malheur, quel grand malheur, je vais avoir bien du mal à ouvrir cette porte pour attraper une poule.

Il y parvient tout en récriminant, attrape une poule et s'en va.

Sur ces entrefaites, le renard argenté arrive et s'écrie.

– Quel homme intelligent que ce paysan, il a pensé à rassembler toutes les poules au même endroit pour que je n'ai pas besoin de leur courir après dans les champs, je ne le remercierai jamais trop de cette attention !

Il attrape sa poule et s'en va.

Le paysan au bout de quelques semaines et devant les enlèvements de poules construit un mur et le hérisse de barbelés.

Le lendemain le renard gris arrive et se lamente :

– Quelle catastrophe, c'est épouvantable, ce paysan veut ma mort, il veut me faire mourir de faim. Comment vais-je pouvoir aller chercher mon déjeuner ?

Il parvient à grimper péniblement le long du mur sans cesser de se plaindre. Il descend dans le poulailler, attrape une poule, et se met à remonter le long du mur. Arrivé au sommet, il continue de ressasser son malheur, et maladroitement, laisse tomber la poule qu'il vient d'attraper et qui parvient à se sauver tandis que de rage il fait un faux pas, tombe du haut du mur et se tue.

Le renard argenté arrive peu de temps après et s'écrie :

– Mais c'est extraordinaire, je ne connais personne d'aussi intelligent et prévoyant que ce paysan, il a construit un mur pour ne pas que les poules s'échappent ! Il fait vraiment tout son possible pour m'aider, il a pensé à tout.

Il se met à escalader le mur, attrape une poule, fait le chemin inverse et redescendu au pied du mur conclut en découvrant la dépouille de son congénère.

– Il a même eu la délicate attention de mettre un tapis pour que je puisse m'essuyer les pattes !

Cette métaphore illustre l'histoire connue de l'optimiste qui voit le verre à moitié plein tandis que le pessimiste le voit à moitié vide. Elle est faite pour montrer qu'il existe toujours une autre manière de considérer la même situation.

Une discussion m'opposait à un psychologue qui soutenait qu'il n'existait pour lui aucune association culturelle de deux éléments (le pain et le vin, la faucille et le marteau, etc.). Il clamait très fort que pour sa part il n'effectuait pas de telles associations et se prétendait libre de ces lieux communs. Je me demandais comment lui montrer que son esprit contenait lui aussi les mêmes archétypes quand je me souvins d'une métaphore en forme de devinette, je lui dis en désignant la porte de la pièce qui était blanche :

– Regardez cette porte, regardez-la bien, de quelle couleur est-elle ?

– Blanche affirma-t-il.

– Regardez maintenant la feuille de papier devant vous, de quelle couleur est-elle ?

– Blanche, bien sûr !

– Dites-moi, qu'est-ce que boivent les vaches ?

La réponse fusa avec une spontanéité incroyable :

– Du lait !

Après cela, il ne put que nuancer ses positions.

Dans cet exemple, la métaphore sert à contester une opinion, elle crée une expérience qui concerne la personne puisqu'elle y participe directement et produit un contre-exemple vécu de l'opinion. Ce type de contestation ne peut s'adresser qu'à des personnes très catégoriques qui ne croient que ce qu'elles voient ou, en d'autres termes se fient essentiellement à leur propre expérience sans la nuancer d'apports extérieurs.

Exercice 27

Reprendre l'exercice 17 et y ajouter les distinctions du menu d'influence (13 cartes supplémentaires). Choisissez un sujet de conversation et entraînez-vous.

Exercice 28 : Comment construire une métaphore

– Étudier la structure du problème ou de la situation qui requiert un changement.

– Chercher une situation ou un problème qui présente la même structure (isomorphisme) mais dont le contenu est différent.

– Proposer au sujet la métaphore avec l'issue souhaitée sous forme d'une anecdote, d'une courte histoire, d'une phrase, d'un comportement. La métaphore fait participer la réflexion et l'imagination.

Groupes de 3 personnes, A guide, B sujet, C témoin

– B expose à A une situation qu'il voudrait voir changer.

– A et C déterminent la structure de cette situation.

– A et C mettent en commun leurs connaissances et leurs expériences pour trouver une situation de contenu différent et de structure similaire ; ils construisent une issue allant dans le sens souhaité (le changement).

– A présente à B la métaphore sous forme d'une anecdote, d'une courte histoire, d'un comportement, d'une phrase, etc.

– C observe les réactions de B.

– A, B et C exposent ce qu'ils ressentent et les réflexions qu'ils tirent de cet exercice.

– Changer les rôles de façon à ce que chacun ait l'occasion de créer une métaphore.

Chapitre 6

Visualiser pour réaliser

Au chapitre précédent, nous avons évoqué différentes techniques basées essentiellement sur l'observation, le dialogue et la souplesse comportementale. Ces techniques prenaient place dans des contextes relationnels.

À présent, nous allons aborder d'autres démarches, centrées sur la personne et basées cette fois sur l'aptitude à construire des images internes. Notre approche se fonde sur les travaux que Richard Bandler [1] a menés à ce sujet et qui ont abouti à la création de techniques d'une grande efficacité et d'une grande simplicité.

La P.N.L. attache beaucoup d'importance aux exercices de visualisation, autant pour parvenir à définir clairement un objectif que pour changer. Richard Bandler affirme que les automatismes des sous-modalités sensorielles sont des moyens encore plus rapides et puissants de créer un changement personnel que ne l'étaient les premières techniques de la P.N.L.

Il explique que, s'il n'existe que trois modalités de représentation sensorielle – visuelle, auditive, kinesthésique – en revanche, l'agencement de leurs nuances – les sous-modalités – varie considérablement d'une personne à l'autre. Il compare cette organisation interne à un logiciel : tout changement dans les sous-modalités entraîne une modification du « logiciel », c'est-à-dire de l'expérience et du comportement de la personne.

Les observations et techniques présentées dans ce chapitre vont nous aider à prendre réellement les commandes de notre expérience. Richard Bandler envisage le changement comme l'apprentissage de nouvelles stratégies qui permettent à la personne de modifier sa perception subjective d'une situation lorsque le caractère négatif de celle-ci l'empêche d'atteindre ses buts. Il part

---

1. Using your brain for a change, Real people press, Moab, Utah, 1985.

du principe que tout comportement humain s'apprend. Lorsqu'on installe un changement, cela consiste pour l'essentiel à découvrir ce qui ne fonctionne pas pour le remplacer par une stratégie plus efficace.

1 - Des objectifs bien préparés

Lorsque nous avons défini les conditions de bonne formulation d'un objectif, nous avons exigé pour nos questions des réponses évoquant des faits, un langage descriptif. Cette exigence permet de « voir » l'objectif, ou plus exactement de se le représenter. Il apparaît qu'un objectif bien préparé possède une représentation sensorielle précise permettant de mettre en œuvre les moyens qui conduisent à sa réalisation.

La préparation mentale des sportifs de compétition se fonde également sur des techniques de visualisation de la performance, il en va de même quand on cherche simplement à améliorer un geste ou une attitude. L'utilisation de moyens vidéographiques sert autant à montrer aux gens qu'on filme comment les autres les voient, qu'à les aider à se représenter leur état présent et construire une image de l'état ou de l'objectif qu'ils désirent atteindre.

Nous allons étudier comment s'organisent ces images en termes de sous-modalités sensorielles.

1 - Les sous-modalités d'une image interne

Que notre système dominant de représentation sensorielle soit visuel, auditif ou kinesthésique, nous avons tous des images internes qui servent à coder notre expérience et à lui donner un sens. Nos certitudes, nos doutes, nos désirs, nos craintes possèdent une image dans notre expérience, et cette image se caractérise par ce qu'on appelle en jargon P.N.L. les « sous-modalités » sensorielles.

> Les sous-modalités d'une image interne sont les caractères formels qui la distinguent dans l'expérience de la personne.

Exercice 29 : individuellement

– Pensez à une personne de votre entourage avec laquelle vous vous sentez à l'aise et souvenez-vous de la dernière fois que vous l'avez rencontrée.

– Regardez attentivement cette image. Quelle est sa taille, y a-t-il du mouvement, des couleurs, des zones floues, des contours nets, des sons associés, des bruits... ?

– Êtes-vous présent dans cette image ? Vous voyez-vous ou bien savez-vous que vous en faites partie, mais sans vous voir ? Quelles sensations éprouvez-vous ?

En parcourant cette représentation interne, vous êtes entré en contact avec certaines de vos sous-modalités personnelles.

Il existe des sous-modalités visuelles, auditives et kinesthésiques à nos représentations sensorielles. Nous reprenons ici la classification de Richard Bandler, en précisant toutefois qu'elle peut être enrichie et interprétée selon chacun. Pour les sous-modalités visuelles, cela correspond dans ses grandes lignes à la manière dont on peut travailler une image à l'aide d'une caméra vidéo. Bien entendu, l'action des outils d'une palette graphique, même très sophistiquée, pourrait se retrouver dans une image interne. De la même façon, les différentes manières de travailler sur le son influencent notre manière de nous représenter une image sonore. Les sous-modalités kinesthésiques quant à elle dépendent également de la richesse du contexte expérientiel.

Nous allons présenter successivement les différentes sous-modalités sensorielles avec lesquelles nous travaillons le plus souvent. La majeure partie du travail consiste à identifier les sous-modalités qui caractérisent vraiment une expérience de la personne, puis à les faire varier de façon à modifier le vécu émotionnel qui y est associé.

a - Les sous-modalités visuelles

– *La couleur* : elle varie selon l'intensité, il est possible d'avoir des images richement colorées ou au contraire plus fades.

– *La distance* : il s'agit de la distance à laquelle on se trouve de l'image. Semble-t-elle toute proche ou bien plus lointaine ?

– *La profondeur* : l'image semble-t-elle plate ou bien possède-t-elle une profondeur ? Cette sous-modalité permet de classer l'image selon le relief qu'elle suggère.

– *La durée* : certaines images apparaissent de façon très fugitive, d'autres demeurent plus stables plus longtemps.

– *La netteté* : cela correspond à la mise au point d'une image.

– *Le contraste et la luminosité* : certains éléments de l'image se détachent en contrastant par rapport à d'autres moins éclairés, il est possible de faire varier le contraste.

– *La taille de l'image :* s'agit-il d'une petite image ou d'une plus grande, voire même d'une image panoramique ? Cette notion compte parmi les plus importantes, l'impact émotionnel d'une image demeure étroitement lié à sa taille.

Le mouvement et le rythme : certaines images possèdent un mouvement, un rythme, d'autres sont parfaitement immobiles. Parfois, la visualisation ressemble à un film, ou à un dessin animé, parfois la personne voit une succession d'images fixes, un peu comme des diapositives. Il est possible de ralentir ou d'accélérer le défilement de l'image.

La transparence : une image en cache parfois une autre qui n'apparaît que si la première est assez transparente...

Le cadre et les proportions : quelquefois les images possèdent un cadre il est possible bien entendu de travailler sur celui-ci en changeant sa couleur ou son épaisseur ; il est également possible d'en changer les proportions, plus long, plus étroit...

L'orientation : dans le cas où la personne visualise des images cadrées, il est possible d'en faire varier l'orientation comme si l'image était penchée, tantôt à gauche ou à droite, tantôt vers le bas ou le haut.

Le premier plan et l'arrière-plan : les éléments présents dans l'image sont plus ou moins situés de façon évidente. Leur place peut varier du premier à l'arrière-plan et changer de ce fait le vécu de l'image.

Le sujet associé ou dissocié : la personne qui visualise peut ou non se voir dans l'image. Si la personne se voit on dit qu'elle est dissociée, si elle se sait présente dans la scène sans se voir, on dit qu'elle est associée. Cette notion est très importante car elle caractérise l'aptitude de la personne à prendre du recul par rapport à une représentation interne.

En résumé voici les principales distinctions des sous-modalités visuelles :

Taille	Sujet associé/dissocié
Luminosité	Cadre et proportion
Couleur	Orientation
Brillance	Grain
Forme	Transparence
Contraste	Mots écrits
Mise au point	Contours des objets
Durée	Distance
Mouvement	Rythme

Cette liste n'est pas exhaustive, elle donne quelques points de repères, les sous-modalités d'une image sont en effet très personnelles et varient considérablement d'un individu à un autre.

b - Les sous-modalités auditives

Les sous-modalités auditives sont présentes dans nos représentations internes et jouent parfois un rôle très important. Le ton que nous employons pour nous parler dans notre dialogue intérieur en est un bon exemple. Nous les classons de la manière suivante :

– *Le volume sonore :* nous pouvons le faire varier comme si nous réglions le son de la radio ou de tout autre appareil de diffusion.

– *La hauteur du son :* il s'agit comme pour la voix du caractère allant du grave à l'aigu.

– *Le rythme :* qu'il s'agisse de paroles ou de musique, la notion de rythme et de vitesse est une sous-modalité caractéristique.

– *Le timbre :* le timbre peut être compris ici comme le type de sonorité, il donne la qualité d'expression à une voix et ce qu'on appelle en musique la « couleur » d'un son. Si vous jouez un sol à la trompette ou au piano, la note peut être identique, mais d'une couleur bien différente.

– *La durée :* cette distinction concerne le temps d'apparition du son ; est-ce un son bref, continu, intermittent... ?

– *La distance et la localisation :* ces notions concernent la proximité et l'origine de la source sonore.

– *Le relief :* dans l'ensemble sonore de la représentation, certains sons apparaissent plus nets que d'autres, l'ensemble des sons peut être très distinct ou bien encore apparaître comme un mélange confus.

– *Le premier plan :* dans la représentation sonore, il existe parfois un élément qui se détache parmi les autres, à la manière dont un instrument qui joue en solo contraste par rapport à l'orchestre qui l'accompagne. Inversement, on peut aussi se représenter un son qui existe en arrière-plan.

– *L'écho :* le son est-il ou non reflété comme par l'écho ?

– *Le sujet associé ou dissocié :* la personne peut entendre sa voix ou tout autre son qu'elle produit, on dit alors qu'elle est associée. Si elle n'entend pas sa voix, on dit qu'elle est dissociée.

À partir de ces données, il existe des variantes individuelles, souvent liées au fait que la personne possède un système de représentations sensorielle à dominante auditive, ou une expérience riche en données auditives. Nous créons en effet nos représentations internes avec notre expérience.

Les sous-modalités auditives peuvent se grouper ainsi :

Sujet associé ou dissocié	Provenance de la source
Volume sonore	Relief
Grave/aigu	Premier plan/arrière-plan
Rythme	Écho
Timbre et couleur	Présence de voix
Durée	Mono/stéréo
Distance	Net/flou

c - Les sous-modalités kinesthésiques

Elles sont le plus souvent associées à une image ou à un son.

Lorsqu'on imagine un paysage de neige et de glace, on peut ressentir une impression de froid, même s'il fait une température agréable à l'endroit où on se trouve !

Les sous-modalités kinesthésiques concernent les sensations corporelles et émotionnelles. Nous n'utilisons pas la distinction « associé/dissocié » là, le sujet qui se les représente les vit en temps réel et ne peut être qu'associé .

Pour clarifier les choses, nous pouvons regrouper les sous-modalités kinesthésiques selon trois catégories selon qu'elles relèvent de sensations tactiles, proprioceptives, ou qu'il s'agisse enfin de métasensations.

Les sensations tactiles sont celles qui proviennent de notre sens du toucher : texture, température.

Les sensations proprioceptives sont les sensations internes musculaires et viscérales : pression, localisation, étendue, intensité, mouvement, etc.

Les métasensations sont des évaluations subjectives des précédentes et peuvent revêtir la même forme que les sensations proprioceptives. On les appelle aussi émotions.

– *La localisation :* il s'agit de l'endroit où prend place la sensation kinesthésique.

– *L'intensité :* il s'agit de la quantité subjective de sensation.

– *La texture :* cette distinction concerne les sensations tactiles et se décline en dureté, douceur, rugosité, mollesse, etc.

– *Le goût :* il est possible d'imaginer des goûts et des odeurs exactement comme dans un souvenir.

– *La température :* au propre comme au figuré on peut se représenter une image « froide » et y associer une sensation de froid ou de chaud !

– *Le mouvement, la vibration :* il s'agit de la sensation du mouvement aussi bien dans une dimension proprioceptive qu'au niveau de métasensations.

2 - Visualiser un objectif

Familièrement on dit qu'il faut savoir où l'on va pour avoir une chance d'y arriver. On pourrait dire en d'autres termes que c'est en précisant son objectif qu'on valide sa faisabilité. La P.N.L. nous a appris une stratégie de questionnement pour clarifier nos objectifs, la visualisation des réponses va beaucoup nous aider .

Nous allons reprendre successivement trois points importants de cette démarche d'investigation : les conditions de bonne formulation, celles de faisabilité, et bien sûr ce que nous appelons dans le jargon P.N.L. « l'écologie » de l'objectif.

a - Les conditions de bonne formulation

Elles sont au nombre de deux : utiliser la forme affirmative, sélectionner des termes descriptifs pour parler de l'objectif.

L'importance de la forme affirmative se vérifie aisément.

Quelqu'un dit « je ne veux surtout pas voyager pendant mes vacances ! »

Maintenant, essayez de donner un sens à cette opinion en la visualisant. Pour rester fidèle à ce qui vient d'être dit, vous pouvez voir l'auteur de la phrase en train de repousser tout ce qui se rapporte au voyage : valise, billets de transport, moyens de transport, ou encore de barrer d'un trait le mot voyage, etc.

Toutefois, vous ne pouvez pas voir ce que cette personne veut vraiment faire de ses vacances.

En fait, il est impossible de visualiser une phrase de ce type autrement qu'en ajoutant un signe négatif sur une affirmation.

Les termes descriptifs, quant à eux, aident à expliquer nos objectifs en les rendant accessibles au moyen d'une image. Certains auteurs affirment qu'un objectif est réellement bien exprimé lorsque la personne ne peut changer aucun mot dans sa façon de le décrire. Si une personne dit : « je cherche à obtenir un poste intéressant dans le secteur informatique », vous devez lui demander comment elle sait qu'un poste est intéressant. Votre but est de

« voir » quels éléments tangibles permettent à la personne d'évaluer le caractère intéressant.

Dès qu'une information est accessible à la vue, il est possible de la transmettre, de la partager, de la travailler. Si quelque chose vous fait peur, vous devez arriver à voir cette chose pour créer en vous-même les moyens de venir à bout des craintes qu'elle inspire.

Un objectif bien formulé c'est un objectif visible ! Il faut donc s'entraîner à voir ce que l'on veut obtenir.

Exercice 30 individuellement

– Pensez à un projet à court terme et imaginez cet objectif atteint.

– Faites-en une grande image, dans laquelle vous êtes présent sans vous voir, regardez attentivement tout ce qui se passe et notez bien tous les détails.

– Maintenant, dissociez-vous de cette image. Vous continuez à la regarder et vous vous voyez.

– Êtes-vous satisfait de cette image ? Si oui, votre objectif est certainement très clair et très cohérent. Si vous n'êtes pas complètement satisfait c'est qu'il vous reste à préciser, à travailler certains détails.

–– En vous aidant de la liste des sous-modalités sensorielles, faites-les varier jusqu'à obtenir une image satisfaisante.

b - Les conditions de faisabilité

Les informations qui appartiennent à cette catégorie permettent de vérifier que l'objectif est atteignable, et qu'il nécessite des moyens dont dispose la personne.

Imaginez un instant que votre objectif requiert un travail acharné pendant une longue période de temps, cela signifie que vous devez vous priver de vos loisirs habituels, des sorties que vous aimez, etc. Essayez de vous voir dans ce rôle. Les contrats qui s'imposent à vous en considérant cette image vous renseignent immédiatement sur la faisabilité de cet objectif.

Dans une relation d'aide, vous pouvez très efficacement conseiller quelqu'un en l'amenant à « voir » la faisabilité de son projet. Des questions telles que :

– Que se passerait-il si... ?

– Quels moyens faut-il mettre en œuvre pour... ?

– Qu'est-ce qui pourrait vous empêcher de... ?

Complétées par des citations à la précision descriptive, ces questions produisent des effets remarquables.

c - L'écologie de l'objectif

Un objectif se doit de s'intégrer parfaitement à l'environnement de la personne. Certains projets échouent, même s'ils sont bien pensés, du seul fait qu'ils ne peuvent être acceptés par l'environnement de la personne. Ce contexte comprend la famille, les collègues, mais aussi les valeurs culturelles de la personne, et son image interne de soi.

Respecter ces données relève donc de la plus grande importance ; là encore la visualisation contribue à donner plus d'efficacité à la préparation de l'objectif. Une image est plus explicite qu'un long discours, on peut se tromper en se donnant de bonnes raisons mais pas en prenant conscience de l'impact émotionnel d'une image.

Exercice 31 individuellement

– Pensez à un de vos objectifs et imaginez que vous l'avez atteint.

– Posez-vous la question de savoir ce que cela va changer autour de vous : votre environnement familial, professionnel, social, etc.

– Chaque fois qu'une réponse vous vient à l'esprit, faites-en une image et mesurez votre satisfaction face à celle-ci.

– Votre sentiment global à l'issue de cette recherche vous indique de façon certaine si votre objectif est ou non adapté à votre environnement.

2. Changer les sous-modalités d'une image interne

1 - Changer une image négative

Une grande partie des difficultés qu'on rencontre vient de l'image interne de celle-ci. Beaucoup de gens qui souffrent de timidité ou de trac agissent dans la réalité comme s'ils cherchaient à échapper à un danger qui n'existe en fait que dans une image intérieure. Si on leur demande de décrire ce qui se passe en eux lorsqu'ils sont intimidés, on trouve généralement une représentation interne négative : image démesurément grande à laquelle ils sont associés, dialogue intérieur négatif, etc.

La stratégie que nous propose la P.N.L. consiste en un remaniement des sous-modalités de cette représentation. Outre le fait qu'une image travaillée par cette technique va devenir beaucoup moins effrayante, la stratégie vient apporter un contre-exemple à la croyance qui accompagne généralement les expériences négatives.

La personne croit qu'elle est impuissante et sans ressource devant son expérience, le fait de travailler à modifier la représentation de sa difficulté lui permet de prendre le pouvoir sur ses choix et lui redonne ainsi une meilleure maîtrise de ses émotions.

Nathalie perd ses moyens dès qu'elle se trouve devant son supérieur hiérarchique. Elle rougit, bafouille, oublie ce qu'elle voulait dire, bref, son comportement traduit un stress important. Si on étudie la situation d'un peu plus près, on ne découvre aucune expérience qui pourrait justifier un tel comportement, Nathalie est compétente, elle n'a pas à redouter de reproches. Mais elle dit :

– Je sais bien que je n'ai aucune raison d'avoir peur, mais c'est plus fort que moi...

Il y a en elle une image qui apparaît chaque fois qu'elle se trouve en face de son supérieur ; elle s'imagine en train de perdre ses moyens, se dit qu'il va la trouver sotte, lui faire des remarques désagréables.

Cette image occupe toute la place, elle y est associée, les couleurs en sont sombres, elle entend la voix de son interlocuteur lui parler sur un ton sévère...

Cette image étant découverte, nous avons demandé à Nathalie d'en réduire la taille jusqu'à ce que ses sensations négatives diminuent. Elle a ensuite placé cette image dans un cadre, puis l'a visualisée à une distance plus grande. Enfin, elle a baissé le son. En considérant l'image telle qu'elle l'avait modifiée, toute gêne avait disparu.

Dans la plupart des cas, il suffit de modifier seulement quelques sous-modalités pour que l'image négative perde son pouvoir.

Technique pour atténuer une image négative

– Pensez à une situation dans laquelle vous vous sentez mal à l'aise et visualisez cette expérience.
– Utilisez la liste des sous-modalités sensorielles et modifiez l'image en les essayant une par une.

- Prenez la précaution de revenir à la première image avant d'essayer une nouvelle sous-modalité, ainsi, vous saurez avec précision lesquelles sont vraiment efficaces.
- Pour juger de l'efficacité des sous-modalités mesurez-en l'effet à partir de votre émotion.
- Lorsque vous avez trouvé les sous-modalités les plus efficaces pour modifier votre image négative, utilisez-les une à une ou en les associant jusqu'à ce que vous soyez satisfait du résultat.

2 - *Faire évoluer un blocage*

Il arrive parfois de rencontrer des blocages importants. La personne se sent incapable de choisir d'agir autrement. Les peurs irraisonnées, l'aversion qu'on peut avoir vis-à-vis de quelqu'un, les croyances limitantes en sont des exemples. Beaucoup de difficultés proviennent d'une croyance qui remplace la réalité et amène la personne à agir en fonction d'elle alors qu'un choix différent serait plus approprié au contexte de l'expérience.

La P.N.L. utilise le terme de croyance pour désigner une généralisation qui vient remplacer la réalité et valide les comportements qui en résultent. Il ne s'agit en aucun cas de croyances idéologiques ou religieuses.

Ce qu'il faut savoir pour bien situer cette démarche c'est que nos processus cognitifs sont de grands consommateurs de « raccourcis ».

Ainsi, nous donnons un sens à nos expériences en fonction de nos apprentissages acquis et, si l'on peut dire, résumés en quelques généralisations. Équivalences complexes, relations de cause à effet sont les deux formes majeures de ces généralisations sur lesquelles s'appuient nos évaluations d'une expérience et le comportement qui en résulte.

Rappelons qu'une équivalence complexe est une sorte d'association personnelle d'éléments. Par exemple, si vous vous posez la question suivante : « Comment est-ce que je sais que je suis efficace dans mon travail ? » les faits que vous sélectionnez dans votre réponse constituent votre équivalence complexe de l'efficacité dans le travail.

Les relations de cause à effet, quant à elles, associent également deux éléments dont l'un explique et/ou justifie l'autre. Ce type de relation se révèle très confortable car il fait faire l'économie d'une réflexion plus approfondie à propos de l'expérience évaluée. Si vous dites : « Il est trop jeune pour faire ce métier », vous établissez un lien de causalité entre deux éléments, l'âge de la personne et le métier qu'elle voudrait faire. Votre évaluation ne tient compte que d'un facteur, l'âge, pour se justifier, or, un examen plus attentif de la situation permettrait sans doute une meilleure objectivité.

Ainsi, lorsque nous sommes en situation d'entretien, nous devons être particulièrement attentifs aux relations de cause à effet et aux équivalences complexes exprimées par notre interlocuteur. Ces formes généralisées révèlent des croyances auxquelles il se réfère même s'il n'en est que peu ou pas conscient. En effet, lorsque nous effectuons un choix comportemental, nous ne sommes pas conscients de la croyance qui le justifie. Toutefois, les stratégies de questionnement de la P.N.L. (métamodèle pour le langage, exploration des objectifs) nous permettent d'accéder à ces croyances.

La ligne de conduite que nous observons nous est alors dictée par Richard Bandler : 95 % d'observation pour 5 % d'intervention.

Au cours d'un de nos séminaires, l'un des participants, Bernard, expose cet exemple :

– Je rêve de savoir jouer du piano, j'ai essayé d'apprendre, et à chaque fois cela s'est soldé par un échec, je suis frustré et je me dis que je n'y arriverai jamais...

Lorsqu'on explore cette difficulté, on constate que le désir d'apprendre se heurte à une sorte de mur. Lorsque Bernard essaie de visualiser son objectif, il s'aperçoit qu'il est incapable de se voir tel qu'il est en train de jouer du piano. C'est un autre lui-même qu'il voit dans cette image, un être qui ose exprimer sa sensibilité, ses sentiments. Il le trouve efféminé et ne se reconnaît pas dans cette image.

On se trouve face à une croyance sous forme d'une relation de cause à effet : un homme qui extériorise sa sensibilité n'est pas un homme.

Bernard utilise le mot « homme » pour désigner son identité telle qu'il la perçoit. Pour aider Bernard à surmonter son blocage, il faudrait pouvoir modifier cette croyance. La croyance qui pourrait au contraire l'aider à atteindre son but pourrait s'exprimer ainsi : « un homme qui exprime sa sensibilité par la musique reste un homme. »

Pour arriver à ce résultat, la P.N.L. nous propose une technique qui permet de modifier ces croyances limitantes et que nous présentons ici.

Cette technique se fonde sur la possibilité de faire glisser des sous-modalités appartenant à une image vers une autre image. Pour changer une croyance, on cherche le contraire c'est-à-dire le doute, l'incertitude, ainsi on fait évoluer une image négative vers une autre image elle-même porteuse d'un objectif. Le but n'est pas de supprimer quoi que ce soit, mais de transformer les représentations subjectives.

Ceci correspond d'ailleurs très bien à l'expérience qui consiste à changer d'avis.

Technique pour faire évoluer une croyance limitante

Préparation : identifier une croyance qui empêche la personne d'exprimer ses possibilités et peut être changée sans que l'équilibre « écologique » soit rompu.

---

1 - Trouver l'image interne qui s'associe à la croyance.

2 - Demander au sujet de penser à quelque chose dont il doute et de visualiser son expérience d'incertitude.

3 - En comparant l'image de la croyance avec celle du doute, faire la liste des sous-modalités qui diffèrent entre les deux.

4 - Vérifier l'efficacité des sous-modalités permettant de changer la croyance en doute en les essayant une à une et en revenant entre chaque essai à l'image non modifiée.

5 - Identifier la croyance qui pourrait remplacer celle qui limite la personne et vérifier en utilisant les stratégies d'exploration d'un objectif qu'elle va s'intégrer harmonieusement.

6 - Changer la croyance limitante en doute en utilisant une ou plusieurs des sous-modalités du doute découvertes à l'étape 4.

7 - En utilisant une autre sous-modalité, changer le contenu de la croyance limitante pour le remplacer par celui de la nouvelle croyance.

8 - Avec ce nouveau contenu, changer le doute en croyance en procédant exactement à l'inverse de l'étape 6.

Chapitre 7

Identité et croyance :
le cadre de toutes les références

La démarche de la P.N.L. prend place dans le contexte de la personne.

Chaque fois qu'on observe un comportement, qu'on cherche à comprendre les motivations, à saisir le fil conducteur qui donne un sens aux choix de celle-ci, on rencontre la question de l'identité. Nous allons situer très globalement cette question par rapport à différentes lectures de l'expérience humaine, puis montrer en quoi la P.N.L. contribue à renouveler l'interrogation centrale : Qui suis-je ?

1 - Sources, définition et hypothèse

1 - Les sources

Qui suis-je ? est une des questions fondamentales de la réflexion philosophique, et la littérature abonde d'hypothèses, d'exemples et de réponses à cette question.

La question de l'identité a occupé et occupe encore une place immense dans la réflexion de l'être humain. La philosophie, le discours religieux ont longtemps étudié et traité cette question, et il était admis qu'elle faisait partie de leur champ de compétence. Aujourd'hui, la question de l'identité est devenue un des thèmes majeurs de la sociologie et de la psychologie. Bien que la philosophie ne soit pas écartée de cette préoccupation, ses apports actuels demeurent marginaux, au moins pour le plus grand nombre !

Depuis les temps les plus anciens, et à travers toutes les cultures, la notion d'identité de l'être se trouve commentée, expliquée, définie par les réflexions philosophiques. La pensée orientale, comme la pensée occidentale ont travaillé à concevoir des hypothèses, et à diffuser une conception spécifique de l'identité.

Plusieurs niveaux de compréhension se sont organisés : l'identité de l'être humain par rapport à l'environnement cosmique et par rapport au divin tient une place majeure dans les débats. L'identité de l'être humain par rapport à son environnement social, sans être une nouveauté, n'apparaît que progressivement comme un champ de recherche en soi.

Le discours sur l'identité consiste en une réflexion portant sur les relations de l'humain avec le divin, et se répartit très globalement entre deux courants. Les philosophies occidentales présupposent l'existence d'un « ordre » de nature (plus ou moins) divine, animé d'un dessein, et accessible à la compréhension et la raison, tandis que les philosophies orientales se fondent sur l'existence d'un « ordre sans dessein ».

Dans l'Antiquité occidentale ou orientale, l'identité sociale de l'être n'est souvent qu'une variante de la réflexion sur l'ordre cosmique. L'existence d'un « ordre » au sens d'un dessein et d'une organisation sous-tend largement la philosophie occidentale de l'Antiquité. Les philosophes présocratiques, puis les disciples de Platon et d'Aristote ont fondé leur pensée sur l'existence présupposée d'un « ordre » cosmique que la réflexion philosophique a pour idéal de comprendre.

Dans l'Antiquité orientale, les philosophes Taoïstes, quant à eux, ont présupposé l'existence d'un « ordre » sans dessein. Le Tao n'a d'autre dessein que d'être, et n'est pas accessible à la pensée logique. Plusieurs identités de l'être humain se font jour au travers de cette pensée. On distingue d'une part, les personnes ordinairement impliquées dans l'action et la matérialité du monde, et d'autre part, le saint qui, s'il s'implique aussi dans l'action et la matérialité du monde, ne s'y compromet pas, demeure en accord avec sa nature, et pratique le « non-agir », c'est-à-dire intervient le moins possible sur le cours des événements à l'instar du Tao qui est organisé mais sans dessein.

Cette pensée, plus complexe qu'il n'y paraît, est souvent difficile d'accès pour la culture occidentale qui tend à la raccourcir en des facilités comportant une bonne dose d'exotisme ou de spirituel à bon marché.

L'exploitation des notions de Ying et Yang en est un exemple frappant !

Toutefois, nous devons accorder de l'importance à cette pensée ne serait-ce que pour s'interroger sur la notion d'ordre sans dessein et repérer dans notre propre culture s'il en existe quelques rappels. Dans la suite de ce travail, nous allons utiliser la notion de dessein comme un trait participant à la perception de l'identité.

Plus près de nous, le célèbre « je pense donc je suis » de Descartes implique une notion intellectuelle de l'être humain : la pensée, expression de l'âme à elle seule confère à l'être humain son identité. Cette pensée entre dans le cadre de la séparation de l'âme et du corps dont les religions judéo-chrétiennes s'inspirent également, et présuppose l'existence d'un dessein à l'adresse des êtres humains et de leur monde.

Au vingtième siècle, la psychanalyse apporte un autre regard sur l'identité de l'être humain qui devient l'élément central de la réflexion : le « je » devient une valeur en soi, on le définit, le compartimente, et, bientôt à la place de l'âme on a un moi, un ça, un surmoi.

L'identité, selon la psychanalyse, échappe en grande partie à la conscience et à la responsabilité de l'être humain car il est ce que son passé a fait de lui. L'identité se fonde sur une relation de causalité permanente entre passé et présent, dont la personne demeure prisonnière. Il convient alors de revenir aux causes pour comprendre le présent, mais, la maîtrise de ses choix n'est pas garantie, il s'agit plutôt d'acquérir à travers la psychanalyse un regard différent sur soi-même, plus proche de celui de témoin que d'une implication d'acteur. La psychanalyse permet d'accéder aux causes de son identité, et plus exactement à celles que son inconscient autorise à connaître car une partie de celles-ci demeure à jamais inaccessible.

Il apparaît que, malgré l'apparition d'autres approches psychologiques, la pensée psychanalytique joue toujours un rôle important dans la représentation de l'identité. Le fait le plus notable, c'est que, depuis Freud, la notion d'identité n'appartient plus exclusivement à la réflexion philosophique et religieuse, mais glisse progressivement vers d'autres disciplines.

Un autre courant de pensée, le marxisme, a apporté une notion essentiellement matérialiste et sociale de l'identité. L'individu est situé en fonction de ses capacités de production et de son appartenance à une classe sociale. Bien que les idéologies se réclamant de Marx ne soient plus guère à la mode en 1992, et que les constats sociologiques viennent bousculer nos idées reçues, les tentations d'identifier les gens en fonction de leur appartenance sociale demeurent tenaces.

La notion d'identité prend donc sa source dans la philosophie, pour s'illustrer ensuite dans différents champs de recherche. Actuellement, le discours sur l'identité relève surtout de la Psychologie et de la Sociologie. Les approches religieuses, la cosmologie ne constituent que des apports marginaux à l'exploration de l'identité.

2 - *Définitions et hypothèses*

Lorsque nous utilisons le mot « identité », nous le situons dans le contexte subjectif de l'expérience individuelle des personnes. Quelqu'un qui réfléchit à la question « Qui suis-je ? » parcourt les différents éléments qui constituent son identité. Il est évident que nous sommes conscients de ce que l'identité individuelle contient de « collectif » en son unicité, toutefois, cette dimension de la question ne constitue pas, en soi le sujet de notre réflexion.

Notre démarche s'inspire pour l'essentiel de la psychologie comportementale pour l'observation des comportements et leur évaluation, des travaux de l'école de Palo Alto, pour les questions ayant trait à l'interaction, d'approches éthologiques et culturelles, et d'un souci d'apporter au lecteur des moyens de compréhension et d'action utilisables au quotidien.

Les hypothèses et les affirmations que nous formulons s'appuient sur l'observation du comportement des personnes, notamment dans les démarches utilisées pour parfaire leur connaissance de soi, et celles pour faire connaître leur identité subjective. Les champs d'observation utilisés comprennent trois contextes : les actions de développement personnel que nous organisons en tant que consultant, les offres de candidatures rédigées comprenant CV et lettre, enfin, différents contextes d'apprentissage.

Nous n'avons pas l'intention de participer à un débat sur l'identité en formulant de nouvelles hypothèses, mais d'apporter un regard pragmatique sur la question en mettant en lumière quelques-uns des éléments qui participent à la dynamique de l'identité considérée en tant que représentation.

L'identité, telle que nous la définissons, correspond à une représentation de soi, organisée en plusieurs niveaux de compréhension et de lecture, déterminant des possibilités et des impossibilités. Le niveau de compréhension de l'identité correspond pour l'essentiel aux démarches de connaissance de soi : la personne prend conscience de différents traits qui la caractérisent, et la définissent. Le niveau de compréhension inclut également la communication. Ce que la personne veut transmettre d'elle fait partie de son niveau de compréhension de soi. Le niveau de lecture, quant à lui, correspond à la perception de ces informations par un interlocuteur dans les situations de communication.

Comme nous évoquons l'existence d'une carte de la réalité représentant le monde extérieur modelé par la personne, nous parlons d'une « carte d'identité » qui contient tout ce que la personne sait et pense à propos d'elle : les éléments qui lui permettent de faire savoir à autrui qui elle est, et ceux qui tracent les limites de ses choix personnels.

Les niveaux de compréhension ou de lecture de cette carte d'identité concernent notamment l'image de soi, les relations avec les autres sur le plan affectif, et sur le plan professionnel, les croyances en ses possibilités, la raison d'être en tant que rôle, la perception du temps personnel. Ces différents niveaux de lecture fournissent des axes par rapport auxquels les personnes se situent.

Notre objectif consiste à montrer comment cette représentation de soi qu'est l'identité peut influencer nos choix, dans les décisions personnelles et la communication.

Nous construisons notre propos sur l'identité comprise comme un ensemble de croyances s'appliquant aux multiples axes de sa lecture brièvement évoqués plus haut. Ce terme de croyance ne s'inscrit pas dans une dialectique du vrai ou du faux, parce que, dans ce contexte de réflexion, les notions de vrai et de faux demeurent variables à la fois en fonction du temps, et de l'expérience individuelle. Ce que l'on croit vrai à propos de soi lorsqu'on a quinze ans, n'est plus tout à fait aussi vrai lorsqu'on en a trente. Nous pensons que les personnes sont capables d'apprendre tout au long de leur vie et que ces apprentissages modèlent leurs croyances tant à propos d'elles-mêmes que de leur représentation du monde. Ainsi, il suffit parfois de quelques expériences interprétées comme des échecs pour que la personne se considère comme « perdante » ou « malchanceuse ». La confiance en soi, occupe alors un territoire réduit.

Ces affirmations quant à l'identité comprise comme un ensemble de croyances à propos de soi, et quant à la permanence des possibilités d'apprentissage tout au long de la vie, forment les deux hypothèses majeures de notre réflexion et de la démarche pratique qui en découlent.

Ces hypothèses s'inscrivent à leur tour dans un cadre de présupposés plus généraux, concernant notre représentation des personnes, mais, nous n'y reviendrons pas autrement que pour reconnaître leur existence car ce n'est pas l'objet de notre travail.

2 - Identité : représentation de soi et croyance

Pour compléter cette définition de l'identité, nous souhaitons souligner l'importance d'aborder la question sous l'angle de la représentation, parce que s'il est un contexte dans lequel la notion même de représentation domine, c'est bien celui de l'identité.

1 - Le niveau de compréhension

Nous concevons généralement que nous possédons un point de vue spécifique sur un sujet donné, et, qu'il se différencie partiellement de celui des autres ou s'accorde avec. Il est relativement aisé si l'on admet ces différences et ces ressemblances, de comparer son point de vue à une représentation de la réalité.

Il apparaît pourtant plus difficile d'admettre que l'identité est aussi une représentation de soi, et cela est en partie dû au fait que, pour ce qui en concerne la compréhension, nous n'avons qu'un explorateur : soi-même !

Tout ce qui touche à notre identité nous implique profondément et interpelle nos émotions : une personne qui découvre que ses projets échouent parce qu'en fait, ses aspirations réelles sont d'une autre nature, rencontre son identité à travers cette prise de conscience. Dans de nombreux cas, nous prenons contact avec notre identité dans des situations de découverte de soi, telles qu'une remise en question. Ces situations enrichissent notre expérience, et modèlent notre identité en tant que représentation de soi. De façon caractéristique, la personne qui progresse dans la connaissance de soi affirme souvent : « je ne suis plus la même ... », en faisant référence à un changement qu'elle a vécu et montrant par ce témoignage que sa représentation de soi a évolué.

La perception personnelle de son identité concerne le niveau de compréhension de celle-ci par la personne elle-même. C'est à ce niveau de compréhension qu'il n'est pas toujours aisé de situer l'identité comme une représentation parce que les personnes impliquées dans une démarche de connaissance de soi comprennent souvent leur identité comme une réalité en soi et non comme une manière de se la représenter.

La différence est très importante car, si l'on considère que l'identité est une réalité en soi et non une représentation de soi, cela implique une faible marge d'action, cadrée dans le fait de gérer une réalité plutôt que de la construire. Comprendre l'identité comme une représentation de soi permet de représenter dans un rôle plus actif : la personne va créer sa propre réalité et pas seulement la gérer.

Bien entendu, les choses sont en fait moins simples, car, même si l'on admet que l'identité est une représentation de soi, il apparaît que la personne n'applique sa conscience volontaire qu'à un champ limité de possibilités à l'intérieur de ce cadre formé par l'identité. À partir de là, le niveau de compréhension de l'identité concerne directement la conscience. La question « Qui suis-je » pourrait être plus précisément formulée par « De quoi suis-je conscient à propos de moi-même ? ». En outre, les choses se compliquent si l'on admet que l'identité n'est pas une donnée figée, mais une réalité qui construit dans une dimension interactive. Nous avons déjà évoqué, en présupposé de notre démarche, l'idée qu'en tant qu'êtres humains sociaux, nous étions voués à une permanence de l'apprentissage dans l'expérience personnelle liée à l'interaction. En d'autres termes, nous sommes aussi ce que nous apprenons à être à travers la relation aux autres.

2 - Le niveau de lecture

Le niveau de lecture de l'identité, fournit de nombreuses occasions de comprendre que l'identité est une représentation.

Lorsque deux interlocuteurs parlent d'une personne qu'ils disent chacun connaître, leurs avis peuvent différer, ou s'accorder. Il reste qu'ils expriment chacun leur perception de cette personne, les traits qu'ils relèvent en l'observant sont constants ou apparaissent de façon prévisible, mais la lecture qui en est faite et l'évaluation qui en découle varient considérablement parfois.

C'est en prenant la mesure de la perception des autres que nous pouvons avoir conscience que notre identité est bien une représentation.

Immanquablement, nous apprécions les avis qui nous concernent dans la mesure où ils correspondent à ceux que nous formulons nous-mêmes, nous nous sentons compris dès l'instant où ce que nous renvoie l'autre s'accorde avec ce que nous pensons.

Les situations de communication nous aident à prendre conscience de notre identité en tant que représentation, mais surtout, elles contribuent à la construire. Il reste que, les personnes ne sont pas forcément conscientes de leur identité en tant que représentation. Même si nous effectuons une réflexion critique sur ce qui justifie nos avis ou nos comportements, même si nous nous délectons en cherchant à savoir « pourquoi », la clé qui pourrait réellement nous aider à comprendre et agir demeure souvent cachée. Ainsi, une personne qui se présente à une autre, utilise à la fois les codes culturels que cette situation requiert, et ceux qui permettent à son ou ses interlocuteurs d'avoir accès à la lecture de sa « carte d'identité ».

Toutefois, ces derniers indices échappent partiellement à un contrôle volontaire de celui qui s'exprime, parce qu'ils sont contenus non seulement dans les informations elles-mêmes, mais dans la manière dont elles sont exprimées.

Il est bien évident qu'il peut y avoir des décalages entre notre niveau de compréhension et celui de lecture qui est renvoyé dans une situation de communication. Nous émettons des signes qui sont interprétés différemment de notre intention. Il existe aussi des décalages entre différents niveaux de lecture selon les différents interlocuteurs impliqués.

La construction de la carte d'identité va s'effectuer de manière sélective vis-à-vis des perceptions rencontrées au cours des expériences de la personne. La carte d'identité que nous utilisons n'est donc pas le reflet fidèle de tous les niveaux de lecture que nous rencontrons, et c'est pour cela que nous la situons à la fois comme une représentation et une somme de croyances.

3 - L'interaction

Qu'il s'agisse de lire, de comprendre, et surtout de construire sa carte d'identité, domine la notion d'interaction. Cette dimension sociale est généralement considérée comme la condition indispensable pour que l'être humain s'accomplisse en une personne. En effet, tous les êtres humains possèdent dit-on le même « câblage » neuronal de base, les connexions formant les programmes les plus intelligents et les mieux élaborés ne s'établissent que dans la relation sociale à l'environnement. À partir de ces données, il est clair que les situations de communication, l'échange, la compétition, les relations affectives, scolaires, professionnelles forment autant d'occasions de construire sa carte d'identité.

Nous sommes ce que nous nous apprenons à être au cours de notre développement. On admet généralement à l'heure actuelle et jusqu'à ce qu'une autre théorie voit le jour, que notre personnalité, nos aptitudes, nos attitudes tant personnelles que professionnelles se construisent en permanence au gré de nos contacts sociaux. C'est dans la relation à l'autre que nous nous formons en tant que personnes, que nous construisons notre carte d'identité, et prenons conscience des possibilités qu'elle nous autorise ou nous interdit. En se référant aux approches de la psychologie cognitive qui envisage la personne en tant que potentiel de traitement des informations, on peut considérer l'interaction comme productive de situations d'apprentissage.

Tout commence dès le plus jeune âge, certains même affirment qu'avant la naissance différents éléments pourraient influencer le devenir identitaire de l'enfant. Ce qui existe, certainement, c'est une représentation, une attente de la part de la future mère et de son entourage. Les techniques d'imagerie médicale telles que l'échographie, participent à une évolution de la représentation de l'enfant à naître, en le rendant accessible à la vue et non plus seulement à la sensation de la mère et à l'examen clinique du médecin.

Désormais, une représentation du futur bébé peut être partagée. Il est possible de connaître le sexe de l'enfant, et c'est sans doute l'élément le plus frappant car, cette information étant connue, l'entourage du bébé se prépare à accueillir un individu, la plupart du temps déjà identifié sexuellement, portant le plus souvent un prénom.

Le climat relationnel dans lequel arrive l'enfant, joue un rôle certain dans son devenir, et, participant à ce climat relationnel, les différentes personnes impliquées constituent un groupe interactif au sein duquel l'enfant va se développer, se former, construire sa propre carte d'identité.

Dans les contes, il y a parfois une mauvaise fée qui se penche sur un berceau et annonce que le bébé sera malchanceux ou contrefait ou ne rencontrera jamais l'amour. Aujourd'hui, certaines personnes jouent inconsciemment le rôle de la mauvaise fée qui prédisent : « Vous aurez du mal avec cet enfant, il a mauvais caractère », d'autres plus tard affirment « il n'est pas doué pour les maths », et d'autres enfin certifient que son profil psychologique ou astrologique lui interdit telle ou telle carrière.

La période de scolarité, est une étape déterminante dans la construction de l'identité. On cherche à détecter des aptitudes à travers les performances de chacun : la chasse au surdoué est ouverte ! Qu'on les favorise ou pas, des comparaisons et des compétitions se mettent en place avec à la clé une évaluation qui conduit à des rejets ou des acceptations.

Quelle que soit la performance qu'on observe : échec ou succès, on trouve à la clé une représentation de l'identité de l'acteur, forgée à partir des interactions et des jeux de pouvoir mis en œuvre.

Un enfant révèle-t-il précocement un intérêt pour la musique, ses parents se le représentent comme un futur virtuose et déclenchent une série de comportements en fonction de cela. Selon l'importance accordée au devin, professeur, éducateur, etc. les prédictions se réalisent, comme par magie !

Dans certains cas, fort heureusement, les prévisions ne se réalisent pas, car elles viennent se heurter à d'autres réalités, d'autres influences, d'autres croyances et il ne suffit pas d'avoir une attitude volontariste pour que les désirs s'accomplissent !

L'interaction met en jeu des évaluations qui se manifestent dans des comportements de reconnaissance ou de rejet des acteurs. C'est à travers cette relation que chacun prend conscience de son rôle vis-à-vis de l'autre.

Dans ce climat relationnel, les individus se confrontent, se mesurent, se reconnaissent. Chaque situation de communication est une situation d'évaluation et d'influence. De nombreux auteurs s'accordent pour affirmer que ces situations doivent être comprises comme des conflits. Au nombre des points de repère théoriques de cette affirmation nous pouvons évoquer le modèle de Hegel dans ses aspects conceptuels, le modèle freudien pour son interprétation du développement individuel à travers la gestion conflictuelle de ses différentes étapes, enfin les travaux de sociologues tels que Sainsaulieu sur l'identité dans le monde du travail.

Il apparaît à la lumière de cette dimension conflictuelle de la relation que les acteurs n'ont pas tous la même « valeur », certains ont plus de « poids » que d'autres ; en d'autres termes, dans une situation, certaines personnes nous semblent plus crédibles que d'autres de par leur position hiérarchique et le pouvoir qu'elles représentent tant sur le plan moral que professionnel, intellectuel ou autre. Cette crédibilité n'est pas essentiellement liée aux personnes elles-mêmes, mais plutôt à ce qu'elles représentent aux yeux de ceux avec qui elles entrent en interaction. Ces représentations sont issues bien entendu de facteurs culturels, nous apprenons de façon informelle à différencier les personnes en fonction de leur crédibilité et de leur importance et ceci dès le plus jeune âge.

Un des acteurs effectue une évaluation de son interlocuteur, et, si elle est perçue et reçue comme valide elle prend valeur de référence.

Il y a une sélection des informations et des expériences pouvant contribuer à la construction de la carte d'identité. Cette sélection est en relation avec la représentation du monde qu'utilisent les interlocuteurs.

Si vous êtes persuadé que la personne qui s'adresse à vous est en train de mentir, vous ne croirez probablement pas ce qu'elle dit, mais, vous déduirez peut-être que le contraire de ce qu'elle dit est vrai ! Ainsi, un sens particulier se trouve construit à partir de la réalité de l'interaction et de la lecture qui en est effectuée.

Pour ce qui concerne la construction de la carte d'identité dans l'interaction, il en va de même. Les personnes en qui nous plaçons notre confiance nous influencent, celles en qui nous n'avons pas confiance aussi, mais différemment.

Dans les situations de communication, nous percevons et construisons notre identité dans le regard que l'autre nous accorde, la considération qu'il nous porte, les évaluations qu'il propose. Dans le même temps, nous jouons le même rôle vis-à-vis de notre interlocuteur. Pour que la situation de communication contribue à la construction de notre carte d'identité, il faut qu'une dimension créative s'instaure dans l'échange entre les acteurs.

La notion même d'interaction présuppose l'existence d'une influence : chaque acteur de la situation de communication s'influence du fait même qu'il interagit, toutefois l'équilibre de l'influence n'est pas toujours réalisé à parts égales en raison des jeux de pouvoir mis en œuvre.

Les situations de communication qui contribuent à la construction de l'identité forment des expériences de référence qui sont à la base de représentations et de croyances. Ensuite, c'est à partir de cette source d'informations que la personne sélectionne les éléments traducteurs de son identité qu'elle transmet dans l'interaction.

C'est aller vers une meilleure connaissance de soi, et des autres que d'approcher les sources de ses croyances. C'est aller vers une communication claire que d'être conscient de sa carte d'identité. Dans de nombreux contextes professionnels et personnels nous sommes amenés aussi bien à faire savoir ce que nous sommes que déceler l'identité de nos interlocuteurs à travers des présentations standardisées.

Il nous paraît donc très utile de dégager quelques généralités à propos de la construction de l'identité avant d'entrer dans l'étude de situations concrètes.

Ce qu'il faut retenir :

L'identité est une représentation de soi et une croyance qu'on appréhende selon :

– Le niveau de compréhension : la perception qu'on a de soi-même et ce que l'on croit et/ou veut transmettre dans l'interaction.

– Le niveau de lecture : la perception que les autres acquièrent et qui contribue à construire la représentation de soi.

– La carte d'identité se construit dans l'interaction et dans toute situation qui prend valeur d'expérience de référence.

– Les expériences de référence forment la base des croyances.

– Les expériences de référence s'organisent en fonction de critères identifiables.

4 - P.N.L. et identité

1 - Les expériences de référence

Nous appelons expérience de référence tout événement qui, par le sens qui lui est donné, contribue à l'édification du système de croyances de la personne. D'ores et déjà, il apparaît que l'important n'est pas tellement l'événement mais le traitement que la personne effectue afin de transformer l'événement vécu en expérience de référence.

Les expériences de référence deviennent des points de repère stables à partir desquels la personne construit ses croyances. Leur caractère essentiellement subjectif est à souligner, bien que, le sens qu'on leur donne demeure intimement lié au contexte culturel dans lequel elles se produisent. Les expériences de référence initiales se situent dans le contexte familial, elles déterminent souvent des attitudes qui persistent à travers le temps. Ainsi, le respect de la hiérarchie est-il plus développé chez les personnes issues de milieux socio-culturels dits bourgeois, dans lesquels le pouvoir paternel est important.

Ce qui caractérise le mieux l'expérience de référence, c'est son irrésistible pouvoir d'appropriation par celui qui la vit. Même si cette expérience est celle de quelqu'un d'autre, ou bien une information quelconque, lecture ou image, elle est presque instantanément intégrée à la personne, parfois même, celui qui la vit a l'impression que cette expérience ne fait que révéler un état de fait déjà établi.

Les expériences de référence représentent également des causes qui participent à la compréhension du présent. L'extraordinaire pouvoir des croyances à se substituer à la réalité ne peut qu'engendrer la forme d'organisation la plus crédible : la relation de causalité. Chacun accepte comme tout à fait vrai d'être aujourd'hui ce que son passé a fait de lui, les succès comme les échecs s'expliquent aisément par des événements passés. Les attitudes, les préjugés, les représentations prennent leur source dans des expériences de référence.

L'expérience de référence peut être une situation tout à fait banale pour les uns, et tout à fait marquante pour les autres, le cas de Sébastien l'illustre bien.

Sébastien, 22 ans, est titulaire d'un BTS commercial et choisit de compléter cette formation par un an d'études et de stages le préparant à un poste d'encadrement dans la grande distribution. Au cours de son premier stage, il a pour mission de recueillir des informations lui permettant de constituer son mémoire de fin d'année. Il arrive donc enthousiaste dans l'entreprise et, à sa grande surprise il découvre des gens qui disent ne pas être informés de sa venue. Les premiers malentendus dissipés, il se retrouve auprès d'un agent de maîtrise chargé sur le champ de le mettre au courant rapidement. Sébastien pose des questions, tente de nouer un dialogue, évoque son rôle de stagiaire, puis s'entend répondre : « Bon, puisque tu es là, va donc aider les autres à décharger les palettes ! ».

Après un mois de stage de manutention, il revient en cours, avec la certitude absolue que ses profs lui ont menti, et que les promesses d'un travail passionnant et plein de responsabilités ne sont que des leurres. La façon dont Sébastien aborde le second stage quelques mois plus tard a beaucoup changé.

Cet exemple montre comment une attente initiale basée sur une croyance et des attentes assez précises, s'effondre à la manière d'un château de cartes dès qu'une expérience puissamment contradictoire vient l'inscrire en faux. Peut-être les attentes de Sébastien auraient-elles pu être satisfaites s'il avait été finalement reconnu dans son potentiel de compétences valorisées, or, ce sont ses compétences dans des tâches qu'il vit comme dévalorisantes qui seules sont prises en compte.

L'expérience de référence peut donc annuler ou modifier une autre croyance. Cette certitude permet le changement, et, à partir de là de nombreuses stratégies peuvent être mises en place. Dans le développement personnel et la thérapie, il est souvent nécessaire d'aider les gens à modifier leurs références quand celles-ci les conduisent à un sentiment de dévalorisation ou à un état d'incapacité. Ce peut être le blocage qu'on éprouve devant une situation d'apprentissage liée à un thème donné. Par exemple, l'attribution essentiellement masculine des talents en mathématique résulte souvent d'une croyance inconsciente mais terriblement efficace qui partage les sujets d'aptitudes entre les sexes : mathématique et féminité s'opposent.

Dans les démarches de motivation, il est également nécessaire de travailler au niveau des croyances qui affectent la représentation des compétences et donc d'une facette de l'identité des personnes. On ne peut être motivé que si la tâche à accomplir correspond à des compétences déterminées par sa carte d'identité.

Lorsque nous cherchons à convaincre en fournissant des contre-exemples à notre interlocuteur, nous essayons d'effectuer une modification à propos de ses croyances.

L'observation nous amène également à constater que les personnes utilisent la plupart du temps le même cheminement de traitement de l'information pour que leurs expériences se transforment en référence. Il s'agit en d'autres termes d'une stratégie d'apprentissage de croyance.

S'appuyant sur diverses sources psychologiques et notamment sur les approches cognitives, la P.N.L. cherche à mettre en évidence des modèles à partir de l'observation du comportement et utilise différents aspects de l'expérience subjective. La notion de représentation du réel domine tous les travaux de cette méthode, et, à ce titre, on peut affirmer que la carte d'identité subjective constitue son champ de réflexion et de recherche essentiel.

Les plus récents travaux de Richard Bandler [2] le conduisent de la sorte à rechercher la plus petite parcelle d'expérience subjective afin d'aider les gens à atteindre leurs objectifs de développement personnel avec un maximum d'économie de temps et d'énergie. Dans cette perspective, il montre comment provoquer des changements en modifiant les sous-modalités sensorielles d'une représentation, et, force est de reconnaître que les résultats sont spectaculaires.

L'approche proposée par la P.N.L., permet ainsi de comprendre comment s'organise l'expérience subjective en mettant en évidence les éléments et leurs relations dynamiques.

Notre réflexion à propos de l'expérience de référence se situe dans cette logique et nous amène à en détailler l'organisation en termes de contexte et de traitement de l'information.

5 - De l'expérience à la référence

1 - Le contexte

Le contexte de l'expérience peut varier sans que cela affecte la puissance de celle-ci, cependant, nous observons des différences entre les gens dans la préférence qu'ils accordent à certains contextes. En d'autres termes, nos expériences qui deviennent des références ont presque toujours lieu dans des contextes similaires que nous classons en trois grandes catégories : contexte relationnel, contexte d'action, contexte médiatisé.

a) Le contexte relationnel

L'expérience de référence prend place dans un contexte relationnel : c'est à travers l'interaction qu'elle peut exister. Certaines personnes ne sont capables d'apprendre que si leur relation à l'enseignant est bonne. Une relation qui ne les satisfait pas parvient aisément à inhiber leurs compétences, voire à les bloquer complètement.

---

2. Richard Bandler est avec John Grinder et Robert Dilts l'un des fondateurs de la P.N.L. Nous faisons référence ici à son ouvrage « Un cerveau pour changer » Interéditions, Paris, 1990.

Cette dimension est tellement importante aux yeux de certains qu'elle est présentée comme absolument déterminante. Rosine Debray [3], citant les travaux du Professeur Feuerstein, explique que l'apprentissage, pour donner à l'enfant un dispositif cognitif performant, doit obligatoirement s'inscrire dans un contexte relationnel répondant à certains critères qualitatifs. C'est cette théorie de l'apprentissage médiatisé par l'élément humain qui a permis au Professeur Feuerstein d'élaborer le PEI (Programme d'enrichissement instrumental) qu'on peut définir comme une méthode de remédiation cognitive.

Sans nier l'extrême importance de la relation sur l'apprentissage, il apparaît que lors d'un développement personnel harmonieux, les individus deviennent de plus en plus autonomes et leurs références ne se construisent plus exclusivement dans des contextes relationnels. Pourtant, certaines personnes semblent n'avoir jamais réellement pris leur essor d'autonomie, et, devenues adultes, ne peuvent maintenir leur édifice identitaire que dans des contextes relationnels précis.

Pour ces personnes la solitude est parfois difficile à assumer ; en effet, elles ne se sentent exister que dans la relation, elles cherchent en permanence sinon une gratification de leurs supérieurs (ou en tenant le rôle), au moins une évaluation favorable. L'inquiétude de se tromper, de mal faire est liée au fait d'être seules face à une tâche.

L'expérience située dans un contexte relationnel devient facilement une référence selon le comportement des autres acteurs de la situation, qu'il s'agisse d'une attitude de gratification ou de refus. À l'extrême, tout se passe comme si la personne s'appropriait les références des autres à leur contact.

b - L'action

L'expérience de référence peut aussi se situer dans une action individuelle. Certaines personnes ne peuvent acquérir de certitudes que dans le cadre d'une démarche personnelle d'essais. Il s'agit cette fois de faire soi-même directement l'expérience pour en tirer une croyance. La relation a une place très différente, à l'extrême, la personne préfère souvent être seule pour travailler ou effectuer une performance, elle fonde ses convictions en s'appuyant sur ses propres références.

Face à une évidence, généralement acceptée par la majorité, cette personne tend à demeurer incrédule tant qu'elle n'a pas fait sa propre évaluation des faits. Ainsi, elle a du mal à adhérer à une attitude, qu'elle n'a pas investi personnellement.

---

3. Op cit.

Ce n'est qu'en cas d'incertitude importante qu'elle accepte de se faire aider car elle est convaincue que l'expérience des autres ne peut pas vraiment lui servir, elle ne l'accepte que si elle ne peut pas faire autrement.

La personne qui crée ses références à travers une action individuelle possède une grande exigence d'autonomie, elle supporte mal l'autorité de gens dont elle ne reconnaît pas vraiment la compétence. Cette personne a souvent l'impression d'être vraiment très différente des autres : « Ce qui est vrai pour les autres, ne l'est pas pour moi ! » affirme-t-elle volontiers.

c - L'expérience médiatisée

L'expérience de référence est médiatisée par un support matériel non humain. Les croyances se constituent alors à travers des informations, lectures, images. Dans ce cas, la personne n'a pas un besoin impératif d'expérimenter dans l'action car elle parvient facilement à imaginer, à se représenter idées, événements, applications et surtout à se les approprier dans son système de références.

Parfois, certaines personnes témoignent qu'elles ont découvert ce qu'elles étaient, ou ce qu'elles voulaient être en prenant contact avec l'œuvre d'une autre personne.

Cécile W, une de nos stagiaires affirme qu'elle a su qu'elle serait un jour écrivain lorsqu'elle a découvert l'œuvre de Marcel Proust. Cette lecture a éveillé en elle de puissantes émotions et surtout un sentiment profond de certitude quant à sa vocation.

Une image qu'on voit à la télévision, dans un film, sur un livre révèle soudain une certitude liée à la représentation de l'identité.

C'est souvent le cas de créateurs pour qui l'identification et la prise de conscience de leur compétence passent par la rencontre avec des éléments d'informations.

2 - Le traitement des informations

À partir de ces contextes, les expériences se constituent et amènent à la personne une quantité d'informations qu'elle va gérer de façon telle que l'expérience va devenir, ou ne pas devenir une référence. En effet, même si l'expérience se situe dans un contexte favorable à la construction d'une référence, cela n'aboutit pas obligatoirement. Un véritable traitement de l'information met alors en jeu d'autres éléments pour permettre à la personne de donner un sens à ce qu'elle vit.

Ainsi, nous relevons trois catégories d'éléments dont l'action individuelle et combinée agit sur la construction des références. Ces catégories sont :
– les représentations sensorielles,
– le schéma de généralisation,
– le schéma d'opposition.
Les personnes constituent leurs références ou leurs croyances en associant de façon spécifique certains éléments appartenant à ces catégories. C'est ce travail d'association orienté vers le sens que nous appelons traitement de l'information.

a - Représentations sensorielles des expériences de référence

Nous utilisons la notion de représentation sensorielle dans de nombreux contextes. La P.N.L. nous apprend à en identifier l'expression par l'observation du comportement non verbal et du langage dans sa dimension de traduction de l'expérience interne.

La représentation sensorielle d'une expérience de référence peut être visuelle, auditive ou kinesthésique, cette dernière catégorie incluant par convention les perceptions tactiles, gustatives, olfactives et les sensations internes. Pour qu'une expérience devienne une référence, il faut qu'elle concerne directement la représentation sensorielle que la personne utilise pour entrer dans une attitude de certitude. Si quelqu'un affirme qu'il a marché sur la lune le croirez-vous ?
– parce qu'il le dit avec de bons arguments ?
– parce qu'il vous montre un film de sa performance ?
– parce qu'il vous a apporté un indice digne de foi que vous pouvez toucher ?
C'est parce que notre représentation sensorielle préférée pour la crédibilité est sollicitée que nous pouvons accéder à un sentiment de certitude, celui-ci, secondaire à l'expérience lui sert en quelque sorte de test. En l'absence de ce sentiment, l'expérience n'a aucune valeur de référence. Maintenant que vous êtes familiarisé avec le travail sur les sous-modalités sensorielles, nous vous proposons l'exemple ci-dessous.

Exemple :

1re étape : pensez à un trait de votre caractère que vous n'aimez pas beaucoup mais que vous êtes sûr de posséder.

2ᵉ étape : imaginez-vous en train d'avoir un comportement qui illustre ce trait de caractère et notez bien tous les détails de l'image que vous venez de construire.

3ᵉ étape : maintenant, amusez-vous à modifier cette image, en la faisant se dérouler comme un film à l'envers, ou en y ajoutant une musique de fanfare, ou des rires comme ceux qui ponctuent les réparties des artistes comiques.

En modifiant mentalement cette image vous modifiez aussi votre expérience interne. Si au départ de l'exercice, vous vous sentiez un peu gêné par l'évocation de ce trait que vous n'aimez pas beaucoup, les changements que vous avez apportés à cette image l'ont probablement rendue tout autre.

Quelle est la modalité sensorielle qui annule le mieux la crédibilité de l'image initiale ?

Cet exercice que nous pratiquons souvent dans nos séminaires de développement personnel produit des résultats souvent spectaculaires. Un détail change tout, fait basculer le sens de l'image, et peut même balayer la croyance. Ce détail appartient à une modalité sensorielle que la personne utilise dans sa stratégie de crédibilité.

Si l'on fait varier une sous-modalité de cette représentation sensorielle, on modifie l'ensemble.

Lorsqu'une expérience se transforme en référence, une représentation sensorielle est en jeu qui semble piloter la manœuvre. Cette représentation sensorielle appartient au registre visuel, auditif ou kinesthésique.

Toutefois, lorsqu'on travaille à changer des croyances qui inhibent la personne, on choisit de préférence d'utiliser les systèmes visuels et auditifs, en effectuant un chevauchement [4].

b - Le schéma de généralisation

Nous sommes partis de l'hypothèse qu'une expérience de référence résulte d'un apprentissage de croyance, et, dans tous les processus d'apprentissage, la généralisation est un point crucial. Sans capacité à généraliser, nous ne pourrions étendre nos compétences. Quand nous découvrons quelque chose, nous cherchons à nous repérer par analogie avec des savoirs que nous possédons déjà. En procédant ainsi, nous généralisons nos savoirs. Parfois, cela nous amène à des erreurs, mais dans l'immense majorité des cas, ce que nous savons déjà nous aide à connaître ce que nous découvrons. Les méthodes de

---

4. Les techniques de base utilisées pour le développement personnel sont décrites en détail dans « Maîtriser l'art de la P.N.L. », Éditions d'Organisation.

remédiation cognitive que nous avons évoquées plus haut, mettent en place des cheminements logiques qui sont utilisés dans différents contextes par la voie de la généralisation.

Il est intéressant de remarquer, que nous ne généralisons pas tous de la même façon. Dans certains cas, l'intensité de l'expérience vécue une seule fois suffit à la généraliser, dans d'autres, une répétition est nécessaire.

Ainsi, nous identifions au minimum trois éléments permettant de généraliser le sens d'une expérience : l'intensité, la répétition, la fréquence.

– L'intensité :

Pour qu'une expérience puisse être généralisée, il faut qu'elle possède une certaine intensité dans le vécu subjectif de celui qui la vit. Il n'est pas aisé de définir clairement cette notion d'intensité, car la personne la mesure avec ses émotions et ses critères, et ceux-ci varient considérablement d'un individu à un autre. La notion d'intensité apparaît pourtant très nettement dans le cas de certaines peurs acquises en une seule fois et qui se généralisent. C'est notamment le cas de beaucoup de phobies. Monique est représentante et passe une grande partie de sa vie sur la route. Un soir qu'elle rentre chez elle, fatiguée, elle est prise d'une sorte de malaise, en fait il semble qu'elle s'endorme en conduisant. Elle en prend soudain conscience car sa voiture dévie de sa trajectoire. À ce moment précis, elle se trouve sur un pont, elle est saisie de panique mais parvient à s'arrêter sur le bas-côté ; il lui faut alors de longues minutes avant de pouvoir redémarrer pour terminer sa route. Depuis, Monique ne peut plus passer sur un pont, elle doit, pour continuer à travailler imaginer des itinéraires compliqués qui ne lui facilitent pas le travail.

Dans le cas de Monique, une seule expérience suffit à devenir une référence par l'intensité de l'émotion qu'elle provoque.

Dans la définition de l'intensité, nous incluons également la notion de durée de l'expérience. Ainsi, en fonction du temps pris par l'expérience, celle-ci devient ou pas une référence.

Julien estime que Sophie est toujours en retard.

– La répétition :

Pour nombre de gens, la répétition de l'événement constitue le facteur déterminant de la généralisation. Selon chacun, le nombre d'événements nécessaires à la généralisation présente d'importantes variations.

Noël est devenu végétarien à partir du moment où il a été convaincu que cela lui convenait vraiment. Autrement dit, observer un tel régime est devenu dans l'expérience de Noël une référence. Pour en arriver là, combien de fois a-t-il répété son expérience ?

– Il m'a fallu plus d'un an sans dérogation à mon régime, pour savoir que cela me convenait vraiment.

Aujourd'hui, Noël est absolument convaincu que son régime est le meilleur pour lui. L'exemple de Noël caractérise bien entendu l'extrême de la répétition puisqu'il lui faut renouveler des centaines de fois son expérience avant d'obtenir une certitude.

La répétition s'inscrit en outre dans une durée, et, dans la mesure où les expériences répétées atteignent un nombre important, ce dernier disparaît quand la personne décrit son vécu, au profit de la durée totale entre la première expérience et celle qui a permis d'atteindre un seuil de généralisation.

De façon assez typique, les gens témoignent de leur expérience dans des affirmations telles que :

– J'ai du rabâcher des centaines de fois avant d'être sûr. Cela m'a pris beaucoup de temps.

– Je n'ai pas mis longtemps à comprendre, deux ou trois fois ont suffi.

Lorsque l'expérience n'a pas besoin d'être répétée, la référence se construit comme nous l'avons observé plus haut selon un schéma d'intensité. Les variations individuelles sont importantes, mais faciles à découvrir par l'écoute.

– La fréquence :

Le troisième élément à retenir concerne l'intervalle de temps entre chaque expérience : la fréquence. Pour que l'expérience puisse donner lieu à une généralisation, encore faut-il qu'un certain laps de temps s'écoule entre chaque expérience. Si cet intervalle est trop long, l'expérience perd son sens ou plus précisément, ne peut plus être reliée logiquement à la précédente : elle apparaît alors comme un fait isolé.

Alice prétend que son professeur d'anglais est toujours gentille, si nous insistons un peu, elle nuance en précisant qu'elle n'est pas toujours gentille :

– parfois elle n'est pas sympa.

Alice nous raconte ensuite différents épisodes au cours desquels le professeur est apparu « pas sympa » ; ces événements apparaissent isolés, leur fréquence d'apparition n'est pas assez importante pour susciter un processus de généralisation. Par contre, à la question :

– Qu'est-ce qui te fait dire que ton professeur d'anglais est toujours gentille ?

Alice répond :

– Je l'ai depuis deux ans, je la connais, elle est sympa, elle nous aide quand on lui demande, elle répond aux questions, elle est souriante.

Elle ajoute : « Elle est » presque « toujours comme cela ».

Dans cette expérience, on constate facilement que la généralisation s'appuie sur la répétition et la durée.

Pour mettre à jour les nuances du processus de généralisation, nous suggérons les questions suivantes :

– Comment savez-vous que... (généralisation affirmée)... ?
– Comment en êtes-vous arrivé à cette certitude ?
– Cette expérience s'est-elle répétée ?
– Combien de temps vous a-t-il fallu pour acquérir cette certitude ?

c - Le schéma d'opposition

Nous savons bien qu'une des voies de la construction de l'identité consiste à s'opposer : nous parvenons à savoir qui nous sommes, à nous affirmer en tant que personne à travers notre opposition vis-à-vis de différents éléments de l'environnement.

Cette aptitude a souvent été privilégiée dans les discours qui mettent l'accent sur les rapports de force s'instaurant entre la personne et « les autres ». Que l'on se place dans une perspective biographique ou sociale de l'identité, l'opposition joue un rôle essentiel. La démarche psychanalytique postule que l'individu, pour développer, passe par différentes phases au cours desquelles il apprend à exercer son pouvoir pour obtenir la perception de ses limites. Les relations familiales servent alors de cadre ; les relations sociales de la vie scolaire, puis professionnelles prennent ensuite le relais. D'autres démarches, qu'elles soient sociologiques ou psychologiques, n'ont en fait pas remis en cause cette donnée.

C'est que nous savons qui nous sommes dans la relation avec les autres, et celle-ci génère aussi bien du confort que de la gêne, renforce un comportement autant qu'elle engendre des conflits. C'est aussi dans le rapport avec les autres que nous apprenons le rapport à nous-mêmes. Bien qu'il soit aisé de séparer les aspects personnels des aspects sociaux et professionnels de l'identité, nous devons cependant reconnaître qu'ils se mêlent étroitement lorsqu'il s'agit de comprendre la personnalité de quelqu'un, ou de réfléchir sur la sienne. Que nous opposions notre pouvoir à celui d'une autre personne, que nous refusions catégoriquement quelque chose, nous utilisons en permanence les mêmes outils cognitifs.

Notre propos n'est pas d'ajouter à ces notions, mais plutôt de considérer les différents moyens cognitifs qui nous servent à nous opposer, de façon à mettre en évidence notre schéma d'opposition.

Nous retenons dans cette perspective deux stratégies particulièrement courantes, issues de l'approche P.N.L. : la comparaison et la polarité. Ces moyens de l'opposition se fondent sur l'existence de représentations, et de relations entre elles.

– La comparaison :

Est-il besoin de rappeler ce que nous entendons par « comparer » ?, cette expérience est tellement habituelle qu'il semble superflu de la décrire, sauf peut-être pour revenir sur les points les plus saillants de l'opération.

Pour comparer, nous avons besoin au minimum de deux éléments possédant des points communs et des différences, et répondant à des critères de comparabilité.

L'opération de comparaison consiste alors à repérer dans chaque élément certaines données puis à les analyser à l'aide de différents critères, notamment quantitatifs, tels que : semblable/différent, grand/petit, etc. enfin, une évaluation qualitative vient éventuellement compléter la comparaison et s'exprime en termes de « mieux/moins bien ».

Dans la relation à autrui nous sommes souvent amenés à comparer :

1 - ce que nous croyons être avec l'image que l'autre nous renvoie,

2 - ce que nous croyons être avec ce que nous croyons qu'est l'autre,

3 - ce que nous croyons être avec ce que nous voudrions être et que nous percevons chez un autre (ou plusieurs autres) qui nous sert de modèle.

Dans un cadre plus individuel, nous pouvons également comparer ce que nous croyons être à deux moments différents de notre vie, par exemple : il y a un an, j'étais en quête d'un emploi, je me sentais anxieux, aujourd'hui, deux ans ont passé, j'ai un travail intéressant dans un poste stable, j'ai repris confiance en moi.

Qu'il s'agisse d'évaluation quantitative ou qualitative, nous observons que certaines personnes perçoivent immédiatement les différences alors que pour d'autres ce sont les similitudes qui apparaissent en première lecture de la comparaison.

De même, lorsque la personne se compare à une autre servant de modèle, elle a souvent tendance à évaluer ce qu'elle n'a pas plutôt que ce qu'elle a, par exemple la personne affirme : « Martine a plus de chance que moi, elle a fait des études, moi j'ai dû travailler dès l'âge de seize ans ».

Mais l'inverse s'observe également, par exemple, la personne met en évidence chez les autres leurs « défauts » : « Je ne peux pas demander à Xavier de me remplacer, il n'est pas assez expérimenté, Jean-Jacques est trop étourdi, et Damien n'arrive jamais à l'heure ! ».

De nombreuses difficultés psychologiques naissent de comparaisons que la personne effectue entre elle et des modèles et qui produisent différents états tels que : frustration, jalousie, manque de confiance en soi, angoisse de l'échec, etc. L'observation attentive montre que, dans ce type de comparaison, c'est le choix du modèle de référence qui est le plus souvent responsable des difficultés : la personne compare des éléments qui ne sont pas comparables, au moins sur les plans qu'elle choisit.

Marianne pense qu'elle n'arrivera jamais à jouer du piano comme elle aimerait, elle compare son jeu à celui de très grands solistes en oubliant simplement qu'elle étudie cet instrument depuis trois ans et qu'elle n'y consacre que deux heures par semaine.

Autant, il semble aisé de déterminer des critères de comparabilité entre des éléments tangibles : par exemple, le fait d'être quantifiables dans le même langage ou la même unité de mesure offre la possibilité de comparer deux éléments ; autant il devient délicat d'établir ces aires pour des éléments subjectifs tels que la représentation de son identité !

Nous pouvons bien entendu opérer des classifications descriptives ou de compétences telles que :
– être âgé de 25 ans ;
– courir le 100 m en moins de 10 secondes.

Il n'en reste pas moins que l'individu évalue de façon qualitative ces données quantitatives, et affirme par exemple que c'est « mieux » ou « moins bien » d'avoir vingt cinq ans plutôt que quarante, de courir le 100 m en moins de 10 secondes, etc.

La tendance à se comparer avec les autres semble si fortement ancrée en chacun de nous, que, même dans les situations où l'on supprime toute comparaison officielle entre les personnes, celles-ci rétablissent spontanément des classements, même de façon cachée.

– La polarité

Lorsque nous nous opposons, cela peut prendre la forme d'une réponse polarisée, c'est-à-dire qui contredit systématiquement la proposition initiale. La personne qui fournit des réponses polarisées refuse d'emblée ce qui s'offre à elle, met en évidence les aspects négatifs de la proposition. On pourrait ramener ce comportement à une comparaison dont le résultat dissocie les éléments mis en évaluation.

Au cours de notre développement, dès notre plus tendre enfance, nous expérimentons le « non ». Ce refus déclenche chez les autres des comportements qui nous permettent de percevoir les limites de notre pouvoir, de prendre conscience de notre influence, et de l'intérêt accordé à nos positions.

L'expérience du refus se nuance par la suite, la personne adapte sa réponse en fonction de l'environnement, s'oppose à certaines propositions, en accepte d'autres. Peu à peu les repères d'identification s'affirment.

L'opposition déclenche alors comme un programme en fonction de certaines situations. Toutefois, l'éventail de situations déclenchant le programme d'opposition polarisée s'avère plus ou moins vaste selon les personnes.

On observe aisément des réponses polarisées au moins à deux niveaux :

– situations relationnelles

– vécu subjectif par rapport au contenu des propositions.

Dans le premier cas, c'est le type de situation qui déclenche la réponse polarisée, la personne affirme par exemple : « je ne supporte pas qu'on me donne des ordres ! » et produit un comportement d'opposition.

Dans le second cas, la personne affirme par exemple : « Je ne pourrais jamais passer ma vie à travailler dans un bureau ! ».

Quel que soit le type de proposition déclenchant la réponse polarisée, la perception de soi apparaît clairement en opposition avec le contexte : la personne s'oppose pour être ce qu'elle croit être. Si quelqu'un affirme qu'il ne supporte pas qu'on lui donne des ordres, cela veut dire qu'il se perçoit comme quelqu'un à qui on ne donne pas d'ordres, et son comportement se conforme alors au modèle qu'il a choisi et valorisé.

Dans ce même ordre d'idée, nous envisageons l'opposition aussi en fonction de l'adhésion qu'elle présuppose. En effet, pour s'opposer à quelque chose, il est nécessaire de posséder auparavant une représentation à laquelle on adhère et obéit pour jouer le rôle d'un point de repère. En fait, chaque fois que la personne s'oppose, elle adhère dans le même temps à une certaine perception de soi. Dans l'expérience initiale de l'opposition, les frontières du pouvoir individuel apparaissent de la même façon : il y a adhésion ou refus.

S'opposer, apprendre à s'opposer constitue une étape indispensable à la construction de l'identité. En effet, lorsque le refus entraîne une situation conflictuelle, elle déclenche une recherche créative pour le résoudre.

Toutefois, apprendre à dire « non », n'est pas chose facile pour tout un chacun, en effet, le risque à la clé du refus, c'est de ne plus être aimé. Il nous semble essentiel de connaître sa propre position par rapport à l'usage de l'opposition, à quoi s'oppose-t-on ? quels sont nos moyens d'opposition ? à quoi adhère-t-on lorsqu'on s'oppose à telle situation ou tel contenu ?

Dans cette perspective, nous pouvons chercher à savoir par exemple si nous avons tendance à nous opposer à certains types de situations, à des personnes, à des idées, ou encore à instaurer vis-à-vis de soi un rapport de force et d'opposition.

À propos des moyens de l'opposition, soulignons qu'ils ne sont pas obligatoirement verbaux. Dans les situations relationnelles, le langage non verbal tient une place très importante d'autant plus que, notre culture, privilégiant le discours, nous incite à donner peu d'importance aux autres signes. Ainsi, dans la majorité des cas, on observe facilement que le langage non verbal appuie, souligne ou dément le discours.

Dans le contexte psychothérapeutique, on interprète également certaines manifestations psychosomatiques comme des refus ou des marques d'opposition, et le travail de la thérapie consiste alors à apprendre au patient à s'opposer par d'autres réponses : le langage, des comportements plus satisfaisants, etc.

De l'expérience à la référence

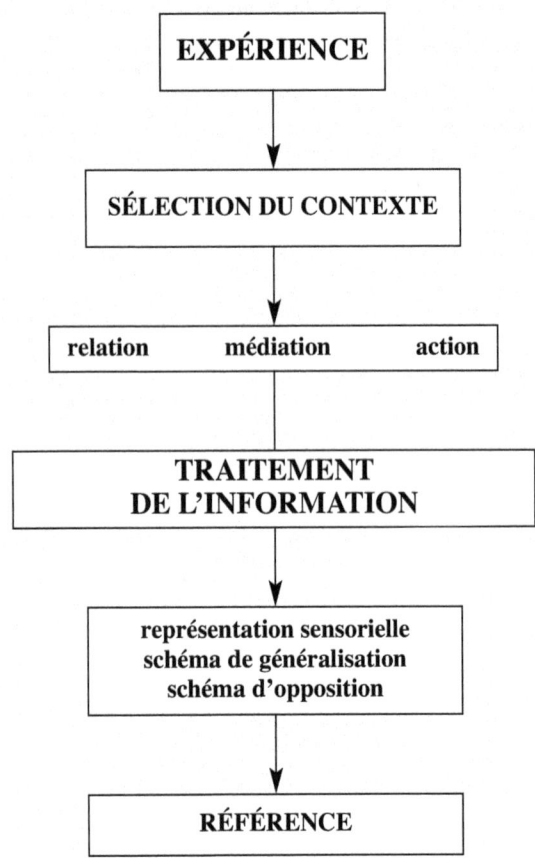

Conclusion

Ainsi certaines de nos expériences deviennent-elles des références, dessinant de la sorte la géographie de notre carte du monde avec laquelle nous tentons de nous orienter.

La P.N.L. contribue à nous apporter les moyens d'une lecture différente de nos comportements et de nos choix conscients ou inconscients. Nous avons cherché à proposer les aspects les plus caractéristiques de la P.N.L. de façon à offrir au lecteur une vue d'ensemble des techniques et de leurs applications. Une large palette d'exercices pratiques a été proposée parce qu'avant tout la P.N.L. est une expérience et que son enseignement ne saurait se contenter de discours.

Bibliographie

RICHARD BANDLER, JOHN GRINDER, *The structure of magic, frogs into princes* (traduction française, *Les secrets de la communication*, éd. Le Jour), *Trance formation*, éd. Science and Behavior Books, Palo Alto, 1975.

GREGORY BATESON, *Vers une écologie de l'esprit*, traduction française, éd. du Seuil, Paris, 1977.

LESLIE CAMERON-BANDLER, DAVID GORDON, MICHAEL LEBEAU, *The emprint method*, éd. Future pace Inc, San Rafael, 1985.
Know How, éd. Future pace Inc, San Rafael, 1985.

JAY HALEY, *Un thérapeute hors du commun, Milton Erickson*, traduction française, éd. Desclées de Brouwer coll. « Hommes et groupes », Paris, 1984.

EDWARD T. HALL, *La dimension cachée, Le langage silencieux, La danse de la vie*, traduction française, éd. du Seuil, Paris.

CARL ROGERS, *Le développement de la personne*, traduction française, éd. Dunod, 1977.

PAUL WATZLAWICK, JOHN WEAKLAND, RICHARD FISH, *Changements*, traduction française, éd. du Seuil, 1975.

PAUL WATZLAWICK, *La réalité de la réalité*, traduction française, éd. du Seuil, 1978.

PAUL WATZLAWICK, *Faites vous-même votre malheur*, traduction française, éd. du Seuil, 1984.

Lightning Source UK Ltd.
Milton Keynes UK
UKHW020641080721
386832UK00013B/1564